仏教思想のゼロポイント

「悟り」とは何か

魚川祐司

新潮社

はじめに

本書は仏教を「わかる」ための本である。「わかる」というのは、知識の量を増やすことではなくて、そうした知識を相互に関連づけながら、統一的に理解することができるような筋道を、自分の中に設定できること。本書はそのような筋道を、仏教を「わかりたい」読者に対して、提供することを目的とする。

もちろん、仏教の解説書や入門書ならば既に大量に出版されているし、懇切な注を付した経典の現代語訳も多くある。それらの書籍では、縁起や五蘊《ごうん》や無常といった、仏教の基本的な用語が平易な言葉で丁寧に解説されているが、その多くに目を通しても、「仏教とは結局何か」ということは、いまいちはっきりしてこない。概念の内容については説明があっても、そうした概念を使用することで仏教徒たちが何を目指していたのかということは、そのような解説書や入門書の中では、明示されないことがしばしばであるからである。

よくわからないことをやっている人たちのことを理解するためには、彼らの行為が「何」を目指しているものであり、それを達成すると「どうなる」のかを知ることが大切だ。仏教についてもそれは同じことで、仏教徒の目的とそれを達成した結果のことがわからなければ、彼らの使っている用語の説明をいくらされても、「仏教とは結局何か」ということは、わからないままである。

では、仏教徒の目的とは何であるのか。少なくとも仏教の開祖であるゴータマ・ブッダにとって、それは「解脱（vimutti）」であり、またそれを達成した境地である「涅槃《ねはん》（nibbāna）」であった。一般的な用語によって言い換えるならば、これをゴータマ・ブッダの「悟り」と表現することもできるだろう。

大海の水に塩の味しかしないように、種々に説かれる仏法にも、実は「解脱の一味《いちみ》（ekaraso vimuttiraso）」しか存在しないと、経典には説かれている（AN IV p.203など）。ならばその「一味」、即ち、仏教の本質である「解脱・涅槃」とは何であるのか。そのことについて考えるのが、本書の主たる内容である。

この点は、仏教を学ぼうとする時に誰もが最初に胸に抱く疑問であるはずだが、なぜか日本の仏教界では、それが正面から問われることが少ない。そもそも現代の日本には、瞑想などの仏教の実践を行う人たちは僧俗を問わず多く存在するものの、その中に自分が「解脱した」と宣言する人はほとんどいない。経典を読む限りでは、仏説にしたがった実践を行うことで、次々と達成されているように思われる解脱・涅槃が、現代日本ではほとんど証得不可能なものであるかのように見えるのはどういうわけなのか。

もとより、解脱・涅槃がゴータマ・ブッダの仏教の目的であったということは、日本においても、多くの人が常識として知っている。だが、その内実がいかなるものであるのかということになると、これは全く明らかにはなっていない。例えば、入門書や解説書では、涅槃は「限りない安らぎ」であるとか、「こよなき幸せ」であるとか、そのような描写をされるのが常であるし、これはそれ自体としては必ずしも誤りではない。だが、労働と生殖を否定し、渇愛を滅尽することを説いたゴータマ・ブッダの言う「安らぎ」や「幸せ」とは何であるのか。それは仕事を終えてくつろぐ時の「安らぎ」や、大好きな異性と一緒にいる時の「幸せ」と何が違うのか。そうした点については、明確に語られることが少ないのである。

解脱・涅槃の境地がそのように曖昧な形でしか描写されないのは、もちろん、それが言語を絶したものであるとされるからである。しかし、たしかに解脱・涅槃それ自体について言葉で十全に描写することはできないにしても、せめてその性質や、それを達成した結果については、もう少し行き届いた解明が行われてもよいのではないか。解脱・涅槃とは何よりも仏教の実践者が経験する一つの事態であり、その事態の内容そのものについては言語による十分な描写が不可能であるとしても、その経験が実践者にいかなる影響を与え、その結果として彼らがいかに変化するのかということについては、過去のテクストや現代の実践者たちの証言から、ある程度の推察と記述を行うことが可能であると思われるからである。

そのようなわけで、本書においては解脱・涅槃とそれがもたらす結果についての考察が行われるが、その導きの糸として、具体的には二つの問いを立てる。即ち、

一　ゴータマ・ブッダの言う解脱・涅槃とは何か

二　ゴータマ・ブッダは「悟った」後、なぜ死ななかったのか

この二つである。一つ目の問いは、もちろん解脱・涅槃の内容に関するものであり、二つ目の問いは、その結果に関するものであるが、後者が「なぜ死ななかったのか」という形で問われなければならない理由については、前者の問いの回答を前提とした上で、本文の中で語られることになる。

それぞれの章の内容についてだが、まず前半の四章は、右の二つの問いについて考察するための準備として、仏教を「わかる」ためには理解しておくことの不可欠な諸前提や諸概念について、その内容を整理しつつ解説する。仏教には、例えば業《ごう》や輪廻といった独特の世界観や、それに基づいた独自の概念・術語が存在するが、それらについて正確な理解をしておかなければ、解脱・涅槃の性質について理解することもおぼつかなくなり、ゆえに仏教を「わかる」ことも不可能になる。そこで、本書の目的に必要な限りにおいて、それら諸前提や諸概念の解明を行っておくわけである。

冒頭の第一章では、仏教を考える上で「絶対にごまかしてはならない」前提について指摘を行い、合わせて本書の基本的な立場を示す。次の第二章では、縁起と四諦《したい》の説を中心として、仏教の基本構造についての解説を行う。そして第三章では仏教における善と悪の問題について考察し、

第四章においては、「無我」の内実とその輪廻との関係という、しばしば大きな問題とされるトピックについて、その混乱を解きほぐす。

後半の四章は、さきほどの二つの問いに対する回答の提示と、その観点からする仏教史全体への展望からなる。第五章と第六章では、右の一番目の問いに対する回答が提示され、第七章では二番目の問いに対する回答が提示される。最後の第八章においては、それらの回答を前提とした上での、仏教史に関する理解が示されるが、これに関しては本書で扱いきれる範囲を大きく超えるため、あくまで示唆と余談にとどまる。

なお、全体の冒頭には、本書の方法的前提と引用の凡例について記した一文を付すが、これは関心のない読者は読み飛ばしてくれても構わない。

さて、それでは話をはじめることにしよう。

仏教思想のゼロポイント　目次

装幀　新潮社装幀室

前提と凡例

本書の議論には、方法上の前提が二つある。一つは、「ゴータマ・ブッダの仏教」を問題とする場合には、パーリ経典を主な材料とし、それを全体として筋を通して（一貫して、整合的に）解釈しようとすること。そしてもう一つは、解脱や涅槃、あるいは「悟り」について考えるにあたっては、現代の実践者たちの意見や証言を、重要な参照項目として、議論に明示的に組み入れることである。

第一の点が意味するのは、パーリ経典のテクストに新古の層を認めた上で、そのいわゆる「古層」に属するものがゴータマ・ブッダの「本当の教え」であるという立場を、本書はとらないということである。

ゴータマ・ブッダ自身の教えを比較的よく伝える経典資料として、その研究の材料とされるのは、南方のテーラワーダ（上座部）の聖典として伝持された、「長部経典（Dīgha-nikāya）」、「中部経典（Majjhima-nikāya）」、「相応部経典（Saṃyutta-nikāya）」、「増支部経典（Aṅguttara-nikāya）」、「小部経典（Khuddaka-nikāya）」の五ニカーヤ、そして、北伝して中国で漢訳された「長阿含経」、「中阿含経」、「雑阿含経」、「増一阿含経」の四阿含であり、これらが一般には「初期経典」と呼ばれている。

この「初期経典」のテクストには、成立に新古の層があることが明らかであり、そのうちの「古層」に属するものこそが、ゴータマ・ブッダの「本当の教え」であろうという仮定に基づいて、多くの研究者たちが、「初期経典」からゴータマ・ブッダの「真説」を、選り分ける努力をしてきた。

だが、既に複数の研究者たちによって指摘されていることであるが、このようなテクストの新古の層の判定は、決して一義的に行えるものではないし、また、かりにテクストの「新しい」部分を決定することができたとしても、それがゴータマ・ブッダの真説を反映していない保証はどこにもない。そもそも経典のテクスト化自体が仏滅後数百年を経過してからの出来事である以上、口伝によって憶持されてきたゴータマ・ブッダ自身の言行が、新しくテクスト化された可能性は、常に残されることになるからである。

もちろん、パーリ経典や阿含経典が全体として示す思想と、ゴータマ・ブッダ自身の教説とのあいだに、テクスト編纂の過程でずれが生じた可能性を、私は決して否定しない。ただ、その「ゴータマ・ブッダ自身の教説」というものを、十分な確実性と客観性とともに決定することは、タイムマシンでも発明されない限り、現状では難しいであろう。そして、「初期経典」は仏滅後百年の根本分裂までのあいだにほぼ出来上がっていたであろうと思われる以上、それ以降の仏教徒たちが「仏説」として受容し、自らの思想発展の基礎とし源泉としていたものは、右の仮想的な「ゴータマ・ブッダ自身の教説」よりも、むしろ現存する「パーリ経典や阿含経典が全体として示す思想」のほうに近いと思われる。

以上の理由から、本書ではパーリ経典を全体として考察の資料として採用し、それに与えることの可能な整合的で一貫した解釈を、「ゴータマ・ブッダの仏教」の内容であると考える。繰り返すが、それが「現実の」ゴータマ・ブッダの教説とは差異を有する可能性を、私は決して否定しない。ただ、その点について確定的な判断をすることは現状では不可能だし、仏教徒たちが伝統的に把握してきた「仏説」の内容として「パーリ経典や阿含経典が全体として示す思想」を挙げることには、一定の合理的な理由があるということである。

「初期経典」の中でもとくにパーリ経典を中心的な資料とするのは、それが阿含経典と多く内容が重なること、「古層」とされるテクストも含めて内容が完備していること、そして、これは第二の点とも関わるが、そのテクストに沿った実践を行っているテーラワーダという仏教のセクトが現在も存在していて、修行者の経験とテクストの記述との対応がつけやすいことによる。ただし、私自身は「テーラワーダ仏教徒」ではないし、したがって本書で示される仏教理解は、テーラワーダのそれと全く同じにはならないということもここでことわっておく。本書の議論は、テクストの記述と現実の修行者たちの経験を全体として整合させ、そこに一貫した理解の筋道を立てようとするものであって、そこで示される解釈は、あくまでそうした作業の結果である。

次に第二の点が意味するのは、本書においては、過去の文献の記述のみを材料として仏教の解釈を行うのではなく、同時に現代の実践者たちの経験による意見や証言も参考にしつつ、その作業を行うということである。これは、仏教の伝統的な学び方を、そのまま本書でも解釈の方法として採用するということであり、その意味では、とくに何か新しいことを試みているというわけではない。

文献を学的な手続きにしたがって厳密に解釈しようとすることは、研究対象を正確に理解しようとする場合、決しておろそかにしてはならない態度である。例えば、言語は認知を規定するから、ニカーヤを正確に理解しようとする人は、テクスト編纂者の認知に近づくために、パーリ語を学ぶ必要がある。それは当然のことだ。

だが、仏教は経典のゴータマ・ブッダ自身が、「現に証せられるもの（sandiṭṭhika）」であり「来て見よと示されるもの（ehipassika）」だと語っている実践的な思想であり、それは「如実知見」へと修行者の認知を変容させていくものでもある以上、そのテクストの解釈者には、自らそのような認知に関する一定の理解を有しておくことが、少なくとも語学的・文献学的な知識の獲得と同じ程度には、要求されることになるだろう。その条件を欠いていたら、語学的な能力に問題がある場合と同様に、解釈者の認知はテクスト編纂者の認知と乖離してしまうこととなり、結果としてその理解の正確性は、何ほどか損なわれることになるからである。

さて、最後に引用の凡例について。本書は文献のみをソースとして議論を進める著作ではないから、いわゆる学術書や研究書には当たらない。したがって、注の使用については迷ったが、出典指示や細かい語句の解説・補足などに関しては便利なので、やはり採用することにした。

パーリ文の引用は、全て Pali Text Society（PTS）のテクストにより、刊本の略号、巻数、頁数によって典拠を指示する。ただし、Suttanipāta, Dhammapada, Theragāthā, Therīgāthā

からの出典指示は偈頌番号による。略号表は、以下のとおりである。

AN…Aṅguttaranikāya
Dhp…Dhammapada
DhpA…Dhammapadaṭṭhakathā
DN…Dīghanikāya
MN…Majjhimanikāya
Pṭs…Paṭisambhidāmagga
SN…Saṃyuttanikāya
Sn…Suttanipāta
Thag…Theragāthā
Thīg…Therīgāthā
Udn…Udāna
Vin…Vinaya
Vsm…Visuddhimagga
PED…Pali-English Dictionary, PTS edition

なお、本文中に引用する原語は、参考のために示す少数の英単語を除いて、基本的にパーリ語で統一するが、サンスクリット語も引く場合は、単語の前にs.を付して区別する。

また、パーリ語においてアルファベットでvと表記される音のカタカナ表記についてだが、これは実際には原語にそもそもvとwの区別がないので、どちらに寄せて音写をすることも可能である。例えば、Theravāda を「テーラヴァーダ」とすることもできるし、「テーラワーダ」と音写することも可能だ。そこで本書では、現在のスリランカ僧侶たちの発音に基本的には沿う形で音写を行ったが、既に先行の訳で定着している人名のカタカナ表記などについてはそちらにしたがい、とくに原則によって統一することにこだわらなかった。

仏教思想のゼロポイント

「悟り」とは何か

第一章　絶対にごまかしてはいけないこと――仏教の「方向」

苦労して証得したものを、いまや説くべき必要はない
貪りと瞋《いか》りにやられてしまっている人々が、この法をよく悟ることはない
これは流れに逆らうもので、微妙にして甚深、見難く精細なものであるから
貪欲《とんよく》に染まり、暗闇に覆われた者には見ることができないのだ(1)

――聖求経《しょうぐきょう》

仏教は「正しく生きる道」？

手元に一冊の文庫本がある。中村元訳の『ブッダのことば(2)』。研究者からはしばしば「最古の経典」と目される、『スッタニパータ（Suttanipāta）』の翻訳書である。

この本には岩波文庫の通例として、表紙に簡単な内容紹介が記されている。曰く、「数多い仏

教書のうちで最も古い聖典。後世の仏典に見られる煩瑣な教理は少しもなく、人間として正しく生きる道が対話の中で具体的に語られる」とのこと。ゴータマ・ブッダの仏教に対するこのような紹介の仕方は、おそらくそれなりにメジャーなものであって、「ブッダは私たちが正しく健全に生きるための道を示した人だ」といった種類の解説は、耳にしたことのある人も多いだろうと思う。

だが、正しく健全に生きていれば、その先に解脱・涅槃が待っているのだろうか。果たして、ゴータマ・ブッダの仏教とは本当に「人間として正しく生きる道」を説くものであったのだろうか。もちろん、ゴータマ・ブッダ自身は己の教え（法、dhamma）を不健全だとも不正だとも考えていなかったであろう。しかし、例えば現代の日本に生きる私たちにとっても、本当にそれは「人間として正しく生きる道」であり得るのだろうか。以下、実際に『スッタニパータ』の中身を見ながら、そのことを考えてみよう。

田を耕すバーラドヴァージャ

巻頭からページを少しめくっていくと、有名な「犀の角」の経の次に、「田を耕すバーラドヴァージャ」の話が出てくる。[3] ある時ブッダは托鉢で食を受けるために、田を耕すバラモン・バーラドヴァージャが、食物を配給している傍らに立った。これに対してバーラドヴァージャは、「私は耕作した後に食べている。だからあなたも耕作した後に食べなさい」と言う。現代風に言えば無職のニートがタダで食事をもらおうとしているから、「君も働いて食べなさい」と言ったわけで、一般的な日本人の感覚からすれば、これは至極もっともな言い分であろう。

この批判に対して、ゴータマ・ブッダは驚くべきことに、「私も耕作してから食べているのだ」と応ずる。「それはどういうことですか」と問い返すバーラドヴァージャに対して、ゴータマ・ブッダは「私にとっては、信仰が種子であり、苦行が雨であり云々」と、詩（偈《げ》）をもって解説した。要するに、「自分にとっては宗教的実践が耕作である」と答えたわけだ。

この応答に現代日本人が満足するかは人それぞれであると思うが、とにかくバーラドヴァージャは納得した。注目すべきはその次だ。偈を喜んだバーラドヴァージャが乳粥を鉢に盛って差し出すと、ゴータマ・ブッダは「私は詩を唱えた報酬として得たものを食べてはならない」と言って、その乳粥を捨てさせる。パーリ経典を読んでいると、どうもゴータマ・ブッダらの食べ物を捨てることに対する忌避感は、さほどに高くなかったようで、それはそれで非常に興味深い問題なのだが、いまはとりあえず措いておこう。重要なのは、ここでゴータマ・ブッダが明らかに、一般的な意味での労働――即ち、何かしらの仕事を提供して対価を受け取ること――を、拒絶していることである。

労働（production）の否定

現代日本では、僧侶も葬式や法要を行って収入を得て、それで生計を立てていることが多いから、「お坊さんも『仕事』をしているのだ」と考えている人たちはわりといる。しかし、少なくともゴータマ・ブッダの教説は、出家者に労働を厳しく禁じるものであった。僧侶を示す比丘《びく》

(bhikkhu, s. bhikṣu) という言葉は「食を乞う者」という意味をもつが、その名のとおり乞食《こつじき》(托鉢)で最低限の糧を得ることで生活せよ、というのが出家者に対するゴータマ・ブッダの指示であって、だから律(僧侶のルール)では物の売買(kayavikkaya)や、当時の貨幣であった金銀による取引も、明示的に禁止されている。[4] そうした一般社会(俗世)における労働・交換・取引の文脈には一切関わるな、というのが比丘たちに与えられた規範なのであり、だからゴータマ・ブッダ自身も「詩を唱えた報酬として」乳粥を受け取ることを拒否したわけだ。

ちなみに、現代日本の仏教では、葬式や法要を行う際に僧侶に支払うべき金額が明示されないことも多く、それが一般の不満の種になることもしばしばであるが、これも上記の精神が多少は生き残っているからである。「これこれの法要を行うので、これだけの金額を支払ってください」と要求すれば、それは読経などの対価として、「報酬」を受け取ったことになってしまう。だから僧侶は金銭の要求はせずに法要を行い、そこで俗人が任意の額の「お布施」をするという形をとることで、「僧侶は労働しない」という建前を、維持しようとしているわけだ。

そしてまた、バーラドヴァージャの話にも表れているように、僧侶は(一般的な意味での)農耕もすることはない。『百丈清規《ひゃくじょうしんぎ》』の「一日作《な》さざれば、一日食らわず」[5]という言葉は有名だから、僧侶も耕作労働はするのではないかと思っている人もいるかもしれないが、それは中国で生まれた禅仏教の話であって、ゴータマ・ブッダ以来のインド仏教では一般に、僧侶は農業生産に携わらないものである。かつてミャンマーのテーラワーダ僧侶に上記の百丈の言葉を紹介したことがあるが、すると「(テーラワーダの)僧侶に労働はできないから、私たちは何も食べられないことになってしまうな」と笑われてしまった。

　そのようなわけで、解脱・涅槃を一途に希求する者（出家者）たちに対しては、農業であれ商取引であれ、あらゆる労働生産（production）の行為は禁じられる。これはゴータマ・ブッダの仏教の、基本的な立場の一つだ。

マーガンディヤの娘

　さて、再び『スッタニパータ』に戻ろう。次は第四章の「マーガンディヤ」[6]である。この経はゴータマ・ブッダの「この糞尿に満ちた（女が）何だというのだ。私はそれに足でさえも触れたくない」[7]という過激な言葉を含む偈ではじまる。経の本文には文脈が記されていないので少し戸惑うが、註釈によれば、これはマーガンディヤというバラモンが美人の娘を連れてゴータマ・ブッダに婿になってくれるよう頼んだ際に、彼がそのように語って拒絶したということらしい。同じ偈に「婬欲の交わり（methuna）」という言葉が出てくるが、これは性行為・セックスのことだから、ゴータマ・ブッダはマーガンディヤの娘に面と向かって、「こんな糞尿に満ちたもの（idaṃ muttakarīsapuṇṇaṃ）には足でも触りたくないし、とてもそんな気になれません」と、手ひどい断りの文句を述べたことになる。岩波文庫の註には出ていないが、註釈家（ブッダゴーサ）の説によれば、このことで彼女はずいぶんゴータマ・ブッダのことを恨んだようで、それが後に、けっこうなトラブルの火種になったとされている[8]。

　もちろん、ゴータマ・ブッダはとくにマーガンディヤの娘だからそのように言ったわけでは決してなくて、どんな女性が相手でも同様に断ったに違いないのだが、それにしても、容姿に自信をもっている若い女性に対して口にするには、ずいぶん厳しい言葉であるとは感じられる。

生殖（reproduction）の否定

さて、この偈に対する註において、中村元は、「こういう点では原始仏教の戒律は厳しいものであった」と述べて、出家した僧侶が女性と性行為をすると、パーラージカという大罪を犯したことになり、教団を追放されることを指摘している。(9) これはもちろんそのとおりなのだが、出家者の目標が渇愛（愛執）を滅尽して解脱・涅槃に至ることにある以上、(10) 彼らが離れなければならないのは、単に直接的な性行為だけではない。解脱した者が捨て去っているべきなのは、軽重を問わず、およそ異性に対する欲望や思慕にあたるものの全てである。

例えば増支部の経典に、七つの「婬欲の繫縛（methunasaṃyoga）」を説いたものがある。(11) テーラワーダ(12)ではしばしば言及される経典なのだが、「婬欲の繫縛」とは、修行者をこの世に性的な面で縛り付けて、解脱を妨げる要素のことである。そこに説かれる内容は非常に厳格なもので、マッサージなどの女性との身体的な接触を否定する（一）のは当然のことのようにも思えるが、さらに経典は冗談を言ったりして女性と楽しむことを否定し（二）、女性と見つめ合うことを否定し（三）、壁の向こうの女性の声に耳を傾けることを否定し（四）、かつて女性と行った会話などを思い出すことを否定し（五）、在家者が感覚的快楽を楽しんでいるのを見るのを否定し（六）、最後に、修行の結果として、来世で（感覚的快楽に溢れた）天界に生まれようと望むことを否定する（七）。これが女性出家者であれば、男性に対する同様の行為を否定することになるのだろうが、いずれにせよ、これら七つのうち一つでも残っていれば、その人は「婬欲の繋縛によって縛られており[13]」、「不浄の梵行を行っている[14]」のであって、生老死などの苦から解脱したとは言われ得ない。逆に、この七つが全て除かれていれば、それは完全に悟ったということなのであり、「わが解脱は不動であって、これが最後の生であり、もはや再生することはない[15]」という知見が生ずる、と述べて、この経典は終わっている。

こうした経典の言葉からも理解されるように、ゴータマ・ブッダの仏教では、異性に対するおよそあらゆる欲望や思慕の情が、徹底的に否定される。マーガンディヤの娘に対して、彼が手厳しい拒絶の意志を示したのもそれゆえだが、既述のように、ゴータマ・ブッダの仏教の目標は修行者を解脱・涅槃へと至らせることであり、そのために必要なことは渇愛の滅尽（衆生を苦なる生存状態に縛りつけている根源的な原因である、愛執の消滅）である以上、これは目的から導かれる、全く当然の指針である。

したがって、ゴータマ・ブッダの教えを受け入れて、その目標であるところの解脱・涅槃を目指す人たちの生活に、恋愛の入ってくる余地はないし、それがもたらすところの性行為、即ち、全ての衆生（生き物）が普通に行うところの「生殖（reproduction）」行為が入ってくる余地もない。先に示した「労働の否定」に続いて、この「生殖の否定」も、ゴータマ・ブッダの仏教の基本的な立場の一つである。では、それが意味するところは何であろうか。

流れに逆らうもの

本章の冒頭に、『聖求経(Ariyapariyesana-sutta)』からの偈を引いてある。これは成道《じょうどう》(悟りを開いた)後のゴータマ・ブッダの感懐を示したもので、律蔵の「大品《だいぼん》」などにも、同内容の偈が見られる。(16)よく知られていることであるが、成道直後のゴータマ・ブッダは、教えを説くことに積極的ではなく、むしろそのまま黙って生を終えようと思っていた。そのように彼が「説法するのはやめよう」と考えた、理由を述べているのがこの偈である。

偈の中でゴータマ・ブッダは、彼の悟り知った法のことを、「流れに逆らうもの(paṭisota-gāmim)」と表現しているが、これは有名な言葉であって、「世の流れに逆らうもの」と、翻訳されることもある。では、「世の流れ」とは何だろうか。参考になるのは、偈の直前に見える彼の言葉だ。

私の証得したこの法は、甚深にして見難く、難解、寂静、妙勝であり、推論の領域を超えた微妙なもので、智者にのみ知り得るものだ。しかるに、世の人々は、欲望の対象を楽しみ、欲望の対象にふけり、欲望の対象を喜んでいる。そのように欲望の対象を楽しみ、欲望の対象にふけり、欲望の対象を喜んでいる人々にとっては、相依性・縁起というこの道理は見難い。また、一切諸行の寂止、一切の依りどころの捨離、渇愛の壊滅、離貪、滅、涅槃というこの道理もまた見難いのである。もし私が法を説いたとしても、他人が私を理解しないならば、私は疲れて悩むだけであろう。(17)

見られるように、ここでゴータマ・ブッダは、世の中の人々は欲望に夢中になって、それを喜び楽しんでいるのだから、そうした対象への貪りを離れ、それらの寂滅を説く自分の教えは、語っても理解されないであろうと考えている。既にこれまで確認してきたように、ゴータマ・ブッダの教説は、それに従って解脱・涅槃を達成しようとする者たちに、労働と生殖（production と reproduction）の否定をはっきりと命ずるものなのだから、これは本人の教の性質に対する、実に冷静な評価であると言うべきである。

偈の中でも、彼の法は「貪欲に染まり、暗闇に覆われた者には見ることができない」と述べられているが、そのように盲目的に何かを欲望する傾向性をもつからこそ、人々は異性を求め、より豊かな暮らしを求める。そしてその希求が生殖と労働という人間の普遍的な営みに繋がって、それが関係性を生み出し社会を作り、そこで私たちの「人生」が展開する。

要するに、世の人々が欲望の対象を喜び楽しんでいることは、水が高いところから低いところへ流れるような、いわば自然の傾向性なのであって、それがまた、私たちが「人生」だと考えるものの内実を、規定してもいるわけである。しかるにゴータマ・ブッダの教説というのは、その自然の勢に真正面から「逆流」することを説くものであって、彼はそのことをよく自覚していたからこそ、自分の証得した法（dhamma）のことを、「世の流れに逆らうもの」だと捉えたわけだ。

このゴータマ・ブッダの述懐に続いて、経の本文では有名な「梵天勧請《ぼんてんかんじょう》」のエピソードが語られる。即ち、覚者の気持ちが沈黙に傾いたことに危機感を抱いた梵天が、彼の面前に現れて法を説くよう懇請し、そこでブッダは世間を観察して、語っても理解できない者もいるけれども、語れば理解する者もいることを知って、説法を決意したという話である。つまりゴータマ・ブッダは悩みはしたが、最終的には法を説いたということであり、それは現代日本の私たちにも「仏教」が伝わって来ている以上、結果としては当然のことである。

ただ、ここで注意しておかなければならないのは、その際にゴータマ・ブッダが説法の対象としていたのは、語れば理解することのできる一部の人間（衆生）[18]のみであって、それが全ての人間を普遍的に対象とするものであるとは、少なくとも彼自身は考えていなかったということである。このことは、上述のようなゴータマ・ブッダの仏教の性質からすれば当然のことなのだが、あんがい忘れられがちなことでもあるので、くれぐれも銘記しておく必要がある。

在家者に対する教えの性質

ところで、右のような私の仏教に対する捉え方に関しては、「たしかに出家者は労働と生殖の禁止を要請されるものだけれども、仏弟子というのは出家者だけではなくて在家者も含むのだから、労働と生殖の禁止をゴータマ・ブッダの仏教の特徴であると考えるのは、妥当であるとは言えないのではないか」という、疑問を抱かれる方もいるかもしれない。

たしかに、ゴータマ・ブッダは出家者だけではなく在家者に対しても教えを説いているし、彼らも「仏弟子」の中には含まれるというのも本当である。そして、在家者というのは労働と生殖を行うことで暮らしている存在である以上、ゴータマ・ブッダは、彼らに対してはそれらを決して禁じてはいない。

ただ、既に述べたように、ゴータマ・ブッダの仏教の目標は修行者を解脱・涅槃に至らせることであり、そのためには渇愛の滅尽が必要とされる以上、ゴータマ・ブッダの証得した法を本当に自分も証得しようとする人には、労働と生殖の放棄が、最終的には要求されることになる。

したがって、それを要求しないということは、彼の仏教の本当の目標からは、何ほどか程度を下げたものを提示しているということを意味するのであり、それがゴータマ・ブッダの仏教の本質的な特徴であるとは、決して言われ得ないであろう。

実際、経典に見られるゴータマ・ブッダの在家者に対する教えというのは、いわゆる施論《せろん》、戒論、生天論《しょうてんろん》を中心とするもので、要するに善行を積んで来世でよりよい生を得ることを説くものだから、これは先ほどの引用部にあったような、「一切諸行の寂止、一切の依りどころの捨離、渇愛の壊滅、離貪、滅、涅槃」といった、ゴータマ・ブッダの証得した法をそのまま説く教えとは、基本的に性質の異なるものである。

例えば、ブッダの在家者に対する説法の代表として、長部経典の『善生経《ぜんしょうきょう》（Siṅgālovāda-suttanta）』[19]がよく挙げられるが、そこでブッダは家族や師友との付き合い方から、果ては財産の運用法に至るまでを解説しており、たいへん懇切な教えではあるが、それは渇愛の滅尽によって解脱を目指すという彼の教説の基本的な方向性とは、ずいぶん毛色の違うものである。

そもそも、ゴータマ・ブッダの教えの本質的な特徴がそのような「処世術」にあるのであれば、処世術などというのは時代や地域が変わってしまえば簡単に変化するものである以上、彼の教えが数千キロの距離と数千年の時間とを乗り越えて、現代日本まで伝わって来ることもなかっただろう。ゴータマ・ブッダが常に賞賛し、聞法者《もんぽう》たちに強く勧奨していたことは、経典中に決まり文句として繰り返されるとおり、「家を出て家なき状態へと赴く（agārasmā anagāriyaṃ pabbajati）」ことであって、そうして労働と生殖の行われる社会における「処世」から、弟子たちが身を離すことであった[20]。

そのように「家なき状態へと赴く」ことで、渇愛を滅尽して涅槃へと至ることがゴータマ・ブッダの教説の本筋であって、在家者に対する説法というのは、そこまではできない人たちに対する、あくまで二次的な性質のものであったと捉えておくべきであろう。

ところで、余談であるが、このように出家生活を重視したゴータマ・ブッダは、異母弟のナンダや息子のラーフラといった自分の身内に関しては、かなり無理やりに出家させてしまっている。長男のみならず、その弟のナンダや、孫のラーフラにまで出家されてしまった父王のスッドーダナは、相当に辛い思いをしたらしく、ゴータマ・ブッダに対して以下のような激越な抗議をした記事が、律蔵の「大品」に見えている。

世尊（ブッダ）が出家した時は、少なくない苦を味わいました。ナンダが出家した時も同様だし、ラーフラの際の苦といったら極大です。尊者よ、子に対する愛というのは皮を破り、皮を破って膚を破り、膚を破って肉を破り、肉を破って筋を破り、筋を破って骨を破り、骨を破って骨髄を打ち破り存するものです。どうか尊者よ、父母の許しのない子を出家させせないでください。[21]

これにはさすがにゴータマ・ブッダも参ったようで、以後はスッドーダナの願いを聞き入れて、父母の許しのない子は出家させないことにしたということである。

絶対にごまかしてはならないこと

さて、ここで本章冒頭の問題に戻ろう。ゴータマ・ブッダの教えは、現代日本人である私たちにとっても、「人間として正しく生きる道」であり得るのかどうか、ということである。

結論から言えば、そのように彼の教えを解釈することは難しい。何度も繰り返し述べているように、ゴータマ・ブッダの教説は、その目的を達成しようとする者に「労働と生殖の放棄」を要求するものであるが、しかるに生殖は生き物が普遍的に求めるところであるし、労働は人間が社会を形成し、その生存を成り立たせ、関係の中で自己を実現するために不可欠のものであるからだ。

現代風にわかりやすく表現すれば、要するにゴータマ・ブッダは、修行者たちに対して「異性とは目も合わせないニートになれ」と求めているわけで、そうしたあり方のことを「人間として正しく生きる道」であると考える現代日本人は、控えめに言っても、さほどに多くはないだろうということである。

既に述べたとおり、この「異性とは目も合わせないニート」、即ち、出家者になるということは、ゴータマ・ブッダの仏教をその言葉どおりに究極的なところまで実践する上では必然的なことである。

例えば、彼の説法を聞いて最初に悟った人であるコーンダンニャ（Aññāta-Kondañña）は、そこで直ちに出家を願い出て、「来たれ比丘よ。法はよく説かれた。正しく苦を滅尽するために梵行を行ぜよ」と、ゴータマ・ブッダから許可を受けている。[22]

あるいはその少し後にブッダの説法を聞いて阿羅漢《あらかん》（煩悩を滅尽した修行完成者）となった長者の子ヤサも、その場で直ちに出家を願い出て、また同じ言葉でブッダからその許可を受けた。[23] ブッダはこのヤサについて、彼の心は煩悩から解脱してしまっているから、「かつて在家であった時のように、卑俗に戻って諸欲を享受することはできない」[24]と言っているが、これは当然のことであって、渇愛（愛執）を消滅させてしまった彼の心は、もはやその作用に基づいて労働と生殖を行う俗人の世界には馴染まないものになっているので、彼が今後も生きていこうとするならば、その生は「梵行」による以外に、選択肢がなくなってしまうわけである。[25]

また現代のテーラワーダ仏教でも、修行者が阿羅漢になれば、かりにその人が在家者であったとしても、彼のその後の人生の選択肢は死ぬか出家するか以外にないとされているが、その事情は右と同様だ。

ゴータマ・ブッダの仏教はそのような性質のものであったので、それはしばしば、「厭世主義」であるとか「ニヒリズム」であるとか、あるいは「生の否定」であると評価されてきた。

私自身は後の章で述べるような理由によって、ゴータマ・ブッダの仏教が「生」そのものを徹頭徹尾否定するものであったとは、言い切れないと考えている。だが、それは「凡夫（悟っていない衆生）が生の内容だと思っているところのもの」を、少なくともいったんは否定し、そこからの「解脱」を促すものでは確実にあった。

したがって、ゴータマ・ブッダの仏教は、私たち現代日本人が通常の意識において考えるような「人間として正しく生きる道」を説くものではなく、むしろそのような観念の前提となっている、「人間」とか「正しい」とかいう物語[26]を、破壊してしまう作用をもつものなのである。

このことは、仏教を理解する上で「絶対にごまかしてはならないこと」であり、またこのことを明示的に踏まえておくことなくしては、ゴータマ・ブッダの仏教のみならず、「大乗」を含めたその後の仏教史の展開についても、その思想の構造を適切に把握することはできないと、私は考える。

本書の立場と目的

このようにゴータマ・ブッダの仏教を理解することによって、私はその価値を、貶めようとしているわけではない。むしろ話は全く逆で、彼の仏教を「人間として正しく生きる道」といった理解に回収してしまうことをやめた時に、はじめてその本当の価値は私たちに知られることになるし、また「仏教とは何か」という根本的な問題についても、正しい把握をすることが可能になるというのが、本書の基本的な立場である。

現代日本の仏教に関する言説の中には、例えばその縁起思想を私たちの知的枠組みにとって都合のいい形に切り取ることで、「仏教は科学的で合理的だ」と評価してみたり、あるいは戒律や慈悲の概念を取り上げて、「仏教の実践をすれば、健全で優しい人になれます」と、その処世術としての有効性を宣伝してみたりするものがしばしば見られる。

そうした言説が流行するのは、それによって仏教に興味をもったり、あるいは本当に「健全で優しく」なったりする人も存在するがゆえだろうから、そうした理解や評価を全面的に「悪い」ものとして非難するつもりはない。ただ、それはゴータマ・ブッダの仏教に対する適切な評価ではやはりないし、また、その思想のおいしいところを取り逃し、仏教の危険であると同時に最も魅力的である部分を、隠蔽した理解でもあるとは思う。

実際、次章以降に論じていくことになるが、仏教のテクストと、それに基づいた実践を仔細に見れば、そこにはある種の「合理性」と同時に、「非合理性」もきちんと存在しているし、近代科学とは、全く相容れない知見や方法が多く見られることもすぐにわかる。ゴータマ・ブッダの推奨する理想の生活が、私たち現代日本人にとって「健全」とは言いがたいことは既に見たとおりだし、慈悲の思想にしたところで、それは私たちの想定する「優しさ」とは、似て非なるものである。

そもそも、「科学性」や「合理性」がお好みなら、仏教の本など捨てて、自然科学の本を読めばよいし、「処世術」を知りたいのなら、二千五百年前のインド人が語ったことより、現代日本の状況に即応した自己啓発書でも読むほうが、ずっと参考になるだろう。先ほど述べたように、俗世の処世が仏教の問題なら、それが数千年の時間と数千キロの距離を越えて、現代日本にまで伝わったはずはないし、科学性と合理性のみが仏教の特長であるならば、その点に関しては近代科学のほうがずっと優れているのだから、いまさら仏教を学ぶ必要など存在しない。仏教に「現代思想」としての価値がまだあるとすれば、それはこうした現代の「世の流れ」に沿った言説とは、全く逆向きのところにこそ存するはずだ。

本章を通じて確認してきたように、ゴータマ・ブッダの教えというのは、人間が放っておけば自然に向かっていく流れの方向に、真正面から「逆流」することを説くものである。「来たれ比丘よ。正しく苦を滅尽するために梵行を行ぜよ」という彼の言葉は、現代日本人の感覚からすれば明らかに、「世の流れに逆ら」った、「非人間的」な生活へと人を導くものだ。

だが、ここで私たちがしなければならないことは、本人自身も自覚していた、ゴータマ・ブッダのそのような「非人間的」な教の性質を、否定したり隠蔽したりすることではなく、また、「そんな非人間的な教えに意味はない」と、そのまま仏教について忘れてしまうことでもない。大切なことは、「では、そのような『世の流れに逆らう』実践を行ってまで、彼らが目指したこととは何だったのか」ということを、私たちが再度徹底的に、考え直してみることである。

『スッタニパータ』の冒頭に繰り返し述べられているように、ゴータマ・ブッダの教えに従って渇愛を滅尽した修行者は、「この世とかの世をともに捨て去る」[27]。この、「この世とかの世をともに捨て去」った境地、即ち解脱・涅槃の風光こそ、時代や地域がいかに異なろうとも変わらない、仏教の普遍的な価値であるはずであり、それがいかなるものであるかを探求することこそが、仏教理解の、まさにアルファでありオメガでもあるはずだ。

本書の目的は、この課題を、言語の権利と能力の及ぶ限り、徹底的に遂行してみることであり、またそうすることによって、言語以前のゴータマ・ブッダの個人的な証悟の体験（自内証）が、他者に語られる「教」として世に現れ、「思想」化されたことの意味を、明らかにしようと試みることである。

この作業を行うことによって、はじめて私たちはゴータマ・ブッダの教の性質を理解し、それに対する自らの態度（価値判断）を決定することもできるであろう。本書の叙述の全体は、読者が自らそのような価値判断を行うために必要な、仏教を把握する上での基本的な視座を提供するためにある。

次章への移行

本章では、仏教について考える上で「絶対にごまかしてはいけないこと」について述べ、あわせて本書の基本的な立場と目的を明らかにした。そこで次の第二章から第四章まででは、「涅槃」とは何かという根本問題を問うための準備として、仏教思想における基本的な概念のいくつかを確認しつつ、ゴータマ・ブッダの教説の構造について解説していくことにする。

まず次章では、仏教の中心的な思想であるとされる「縁起」の概念と、それによって構造化されている、仏説の基本的な筋道を解明することにしよう。

第二章　仏教の基本構造——縁起と四諦

原因によって生じるものごとについて
如来はそれらの原因を述べた
そしてまた、それらのものごとの滅尽なるものも
偉大な沙門はこのように説くのである(1)

——律蔵「大品」

「転迷開悟」の一つの意味

仏教というのは、「転迷開悟」を目指す宗教であると言われる。つまり、「迷いを転じて悟りを開く」のがゴータマ・ブッダの教説の目的であるというわけだが、では、その「迷い」とは何であり、その「悟り」とは何であるのか。これは本書の全体で扱われるべき問題だが、先に答えを

一つ言ってしまえば、仏教における「転迷開悟」の一つの意味とは、「衆生がその『癖《くせ》』によって、盲目的に行為し続けることを止《や》めること」である。どういうことか。以下に説明していこう。

有漏と無漏

経典において、「悟り」の境地、即ち、「涅槃（nibbāna）」や「無為（asaṅkhata）」、あるいは「到彼岸（parāyana）」や「不死（amata）」といったものは、「貪欲の壊滅《えめつ》（rāgakkhaya）、瞋恚《しんい》の壊滅（dosakkhaya）、愚痴の壊滅（mohakkhaya）」と定義されるのが常である。[2]

このうち、貪欲というのは好ましい対象に執著《しゅうじゃく》する心のことであり、瞋恚というのはその反対で、好ましくない対象を嫌悪する心のこと。そして愚痴というのは根源的な無知であって、ものごとをありのまま（如実）に知見できないことである。これらはまとめて「三毒」と呼ばれ、煩悩の根本的なものであるとされるが、右の定義ではこの三毒の壊滅を言うのだから、つまり心に煩悩のない状態のことが、「悟り」であると考えられていることになる。

では、心に煩悩のある状態、即ち「迷い」の状態とは、どのようなことを言うのだろう。仏教では伝統的に、そのように心に煩悩があって、心が汚れている状態のことを「有漏《うろ》（sāsava，s. sāsrava）」と呼んできた。「漏（āsava，s. āsrava）」というのは、仏教では「流れ出ること（漏出）」を意味することになっているのだが、要するに煩悩が垂れ流され続けていて、心がその影響下にある状態のことを、「有漏」と言っているわけである。[3]

逆にこの漏がなくなって、煩悩の汚れがない状態のことは「無漏（anāsava，s. anāsrava）」と呼ばれる。ブッダや阿羅漢が解脱を完成する智慧のことを「漏尽智（āsavakkhaya-ñāṇa）」と言っているが、これも漏が滅尽して、心から煩悩の汚れがなくなることが、「悟り」であると考えられているからである。

盲目的な癖を止めるのが「悟り」

この「有漏」と「無漏」の性質を、具体的な教理に即して、もう少し解説してみよう。

テーラワーダ仏教では、衆生を迷いの生存状態（即ち、輪廻転生を繰り返す苦なるあり方）に縛り付ける要素として、経典に基づきつつ、十の結《けつ》（saṃyojana）というものを考える。そして、これも経典に述べられる四つの「悟り」の段階、即ち、預流《よる》、一来《いちらい》、不還《ふげん》、阿羅漢を上昇していくにつれて、それらは徐々に断じられるものとされる。

さて、この十結のうち、最初の預流の段階で断じられるのは、有身見《うしんけん》、戒禁取《かいごんじゅ》、疑《ぎ》という三つの煩悩であるのだが、このうち有身見（sakkāya-diṭṭhi）というのは、簡単に言えば、「自分（我）という実体が存在しているという見解」のことである。「無我（anattan）」論は仏説の基本だが、預流の段階に達した人は、そのことがはっきりとわかるというわけだ。

しかし、そうだとすると、少しおかしなところも出てくる。例えば、「悟り」の最後の段階である阿羅漢位に至ってはじめて断じられる結の中に、慢（māna）という煩悩があるのだが、これは他人と自分とを比較して、優れているとか劣っているとか考えることである。だが、右に見たとおり、「自分」があるという見解は、預流の段階で断じられるはずである。既に「自分」がないのであれば、それを「他人」と比較できるはずがない。

　テーラワーダの教理の勉強をはじめた時に、私はこのことがわからなくて、学僧に質問をしたことがある。その時の彼の答えは、「たしかに預流の段階に達した修行者は、『自分』という実体が存在しないことを明確に知る。だが、彼の心にはそれでもまだ漏が残っているので、阿羅漢位に達してそれが完全に滅尽しない限り、自分と他人を比べることを止められないのだ」というものであった。つまり、漏という煩悩の作用が残存している限り、修行者は自分の習慣的な行為[4]を「わかっちゃいるけどやめられない」のだというわけである。

　このような漏の影響下にある衆生の行動様式のことは、現代の日本語で言い換えるとすれば、「悪い癖」というのが適切であろう。それは習慣的で盲目的な行為であって、「これは悪いことだ、無意味なことだ」と頭でわかっていたとしても、気がついたら、いつのまにかやってしまっていることである。仏教で「修行」が必要とされる理由の一つがこれで、頭で正しい理屈を知ったとしても、習慣的な行為を止めることができない限り、達成されたとは言えないのが「悟り」というものの性質だ。

　逆に言えば、「悟り」を目指すということは、現象の側面について具体的に言えば、この盲目的で習慣的な行為、即ち癖（＝漏、煩悩）を、永久に差し止めようとすることである。とくにテーラワーダで強調され、最近では大乗の僧侶たちもこの用語を採用して[5]、仏教界で盛んに語られる「気づき（sati）」というのは、そのための実践だ[6]。

　この「気づき」のことを、英語ではマインドフルネス（mindfulness）と訳していることが多いけれども、これはまさに読んで字の如くで、一つ一つの行為に意識を行き渡らせること（mindful-ness）によって、無意識的つまり盲目的に、慣れ親しんだ不健全な行為を行ってしまうことを、防止しようとするわけである。本章の最初に、「転迷開悟の一つの意味とは、衆生がその癖によって、盲目的に行為し続けることを止めること」だと述べておいたのは、そのような意味においてであった。

そのようなわけで、簡単に説明するとすれば、「衆生が癖によって盲目的に行為し続けている状態」が「迷い」であり、「それを止めた状態」が「悟り」である。だが、そうだとすると、そもそも凡夫（悟っていない衆生）に、そのような癖がついてしまっている（有漏である）のはなぜなのか。

この問題を考える際には、仏教の中心思想であって、衆生も含めたこの世界（loka）の全ての現象を成り立たせているものであるとされる、「縁起」の法則が深く関わってくることになる。そこで次は、この「縁起」の概念についてふれながら、ゴータマ・ブッダの教説の基本構造について、確認していくことにしよう。

縁りて起こること

ゴータマ・ブッダの弟子の中に、「智慧第一」と称されるサーリプッタという人がいた。もと懐疑主義者サンジャヤの弟子であった彼が仏門に転じたのは、五比丘（ゴータマ・ブッダの最初の説法の対手）の一人であるアッサジから、一つの偈を聞いたことがきっかけであったとされている。[7]

本章の冒頭に引いてあるのはその偈だが、これは一般に「法身偈《ほっしんげ》」と呼ばれていて、簡素な詩句の中に仏説の基本を端的に示したものとして、仏教者たちには伝統的に重視されてきているものだ。

さて、この法身偈の前半では、まず「原因によって生じるものごとについて、如来はそれらの原因を述べた」と言われており、そして後半では、「そしてまた、それらのものごとの滅尽なるものをも。偉大な沙門はこのように説くのである」と言われている。即ち、ブッダ（＝如来、偉大な沙門）の説とは、（1）原因によって生じるものごとについて、その原因を指摘するものであり、それに加えて、（2）そうした原因によって生じるものごとの滅尽であるところのもの（yo nirodho）も、教えるものだということである。これはたしかに、ゴータマ・ブッダの説の基本構造を簡潔に示していて、実に見事な要約であると思う。

まず、前半（1）から説明してみよう。「原因によって生じるものごと（dhammā hetuppabhavā）」というのは、別の仏教用語で言い換えれば、「諸行（saṅkhārā）」ということになるだろう。これは例えば「諸行は実に無常である（aniccā vata saṅkhārā）」[8]と言われる時の「諸行」であるが、この場合のsaṅkhārāというのは、英語ではしばしばconditioned things, phenomenaなどと訳される。即ち、条件付けられたものごと、因果関係によって形成された事物、総じて現象の世界全てのことだ。[9]

仏教においては、凡夫が経験するものごと・現象というのは、全て原因（条件）によって形成された一時的なものであり、実体を有さないものであるとされる。全ての現象は、原因（条件）が寄り集まって起こるもの（samudaya-dhamma）であり、ゆえにその原因（条件）がなくなれば、消滅してしまうもの（nirodha-dhamma）である。

例えば、サーリプッタはこの法身偈を耳にして、直ちに仏教の最初の悟りの段階（預流果）を得たとされるのだが、聞法者がこの預流果を得る時の決まり文句が、「（彼に）遠塵離《おんじんり》垢《く》の法眼《ほうげん》が生じた。（即ち、）『およそ集起する性質のものは、全て滅尽する性質のものである』と（悟った）」[10]であるのも、「原因によって生じたものごとは全て滅する」と如実知見する（ありのままに知る）のが、仏教理解のはじめであるからである。

さて、そのように全ての現象（sabbe saṅkhārā）は原因（条件）によって形成されたものであり、したがって、いつか必ず消滅するものであるのだが、この「全ての現象が原因（条件）によって成立していること」を法則として概念化したのが、いわゆる「縁起（paṭicca-samuppāda, s. pratītya-samutpāda）」の説である。

この縁起というのは、前章で引用した成道後のゴータマ・ブッダの述懐において、彼の証得した法の道理の一つとして語られており、また「縁起を見る者は法を見る。法を見る者は縁起を見る」[11]という有名な言葉にも表れているように、疑いなく仏教の中心思想であるのだが、その意味するところはきわめてシンプルで、「縁《よ》りて起こること」という字義どおり、「原因（条件）があって生起すること」という、基本的にはそれだけの意味である。

そして、とくにゴータマ・ブッダの仏教について考える際には、縁起を常にこの原義から把握しておくのが、おそらくはいちばん誤りが少ない。「これあればかれあり、これ生ずればかれ生ず、これなければかれなし、これ滅すればかれ滅す[12]」という縁起の法則の定式化は有名だが、これも全ての現象の原因(条件)による生成消滅を記述したものとして、ひとまずは捉えておいてよいだろう。

基本的な筋道

では、そのようにシンプルな縁起の説が、仏教においてはなぜこれほどまでに重要視されるのか。それは、この縁起の法則が、私たち衆生の迷いの生存状態・苦の現状を形成している法則であるからであり、ゆえにそのはたらきをありのままに見て、私たちを現状に至らしめている原因・条件(因縁)を消滅させることができれば、私たちは苦であるところの迷いの生存状態から脱却する(解脱する)ことができるからである。

既に見たとおり、法身偈の前半(1)において、仏説とは「原因によって生じるものごとについて、その原因を指摘するもの」であるとされていた。だが、ゴータマ・ブッダが語ったことはそれだけではない。偈の後半(2)で述べられているように、彼は「それらのものごとの滅尽なるもの」についても教えている。つまりゴータマ・ブッダは、現象が縁起性のものであることを見出して、それらの原因を述べただけではなく、そのように徹見された因縁の消滅を通じて[13]、苦なる現象が滅尽された境地についても、語っていたということだ[14]。

仏教の用語では、縁起の法則によって形成され、そこで衆生が迷いの生存状態にある現象の世界（saṅkhārā）のことを「世間（loka）」と言い、そこを乗り越えて、そのように形成されたものに束縛されることから解放され、迷いから脱した風光のことを「出世間（lokuttara）」と言っている。

即ち、ゴータマ・ブッダの仏教において目指されていることは、衆生をこの「世間」の存在状態から「出世間」へと移行させることであり[15]、その手段は、縁起の法則によって形成された私たちの苦なる現状について、その原因や条件を徹見し、それを消滅させることである。「仏教は難しい」とよく言われるが、その基本的な筋道は、このように、これまた実にシンプルなものなのだ。

苦と無常

ただ、筋道がシンプルであるといっても、その内実が見えてこなければ、ゴータマ・ブッダの教説の基本構造が「わかった」とは感じられないだろう。そこで、右のことをもう少し詳しく解説してみよう。

まず、先ほどから私は、「苦の現状」、「苦なる現象」といった表現を使ってきているが、仏教において、そもそも「苦（dukkha）」とは何であり、また「全ての現象は苦である（sabbe saṅkhārā dukkhā）[16]」と捉えられる理由は何であるのか。この点にも、縁起という仏教の根本的な世界観は深く関わってくる。

ゴータマ・ブッダの教説においては、およそ全ての現象が、無常・苦・無我という三つの性質を有するものとして語られる。(17) これらはまとめて三相（ti-lakkhaṇa）とも呼ばれるが、実際のところ、それは縁起という現象のより根源的な性質を、三つの仕方で表現しているものに過ぎない。経典においては、五蘊(18)などの現象を構成する諸要素のそれぞれについて、例えば「色《しき》は無常である。無常なるものは苦である。苦であるものは無我である」(19)と指摘していく説き方がしばしば見られるが、これも無常・苦・無我の三相が、基本的には同じ事態の異なった表現であるからだ。

一つ一つ見ていこう。まず、縁起によって形成された諸現象が無常であること。これは既に述べたことからすぐにわかる。原因や条件によって生じたものは、あくまで実体のない一時的な現象に過ぎないものであり、その因縁が消えれば滅してしまう。したがって、それは常なる（恒常的な）ものではない。

では、苦についてはどうか。「無常なるものは苦である（yadaniccaṃ taṃ dukkhaṃ）」と言われるが、このことを理解するには、仏教におけるdukkhaという用語のニュアンスを、理解する必要がある。

私たちが漢訳で「苦」という言葉を目にした場合、それは直ちに日本語の「苦しみ」を連想させるから、仏教における「苦（dukkha）」というのも、痛みや悲しみといった肉体的・精神的な苦痛を意味するものだと、一般には考えられがちである。

しかし、そうだとすると、快楽に溢れた生活、例えばゴータマ・ブッダが出家の前にしていた生活はそのようなものであったとされているが、それは「苦」ではないのだろうか。そうとは言えない。経典の説くところにしたがえば、たとえ誰かがある時点で快楽を感じていたとしても、その感受でさえ、「苦」であることには変わりがないのである。dukkhaという言葉を訳す時、現在の英訳では、しばしばunsatisfactorinessという単語が使われる。日本語に訳せば「不満足」ということになるが、これはdukkhaのニュアンスを正しく汲み取った適訳だと思う。

というのも、既述のように、dukkha（苦）はしばしばanicca（無常）と関連付けられながら語られるが、このことは、「苦」という用語が単に苦痛のみを意味しているわけではなくて、むしろ欲望の対象にせよその享受にせよ、因縁によって形成された無常のものである以上、欲望の充足を求める衆生の営みは、常に不満足に終わるしかないという事態をこそ意味することを、示しているからである。

例えば空腹の絶頂にある時に、美味しい食事を出されれば、私たちは喜んでそれを享受する。しかし、どんなに美味しい料理であっても、一時間も食べ続ければ見るのも厭になってくるし、にもかかわらず、それで半日もすれば私たちはまた空腹になる。素敵な音楽を聴きながら、楽しくダンスをしていたとしても、何時間も踊り続けられるわけではないし、美人にも三日で飽きてしまう。そして、そのように感覚への新しい刺激を次から次へと追い求めて生きていった先に、待っているのは老病死という、誰にも必ず百%訪れる、避けることのできない絶対的な苦だ。

このような「終わりのない不満足」が、たかだか百年程度の「一生の問題」なら、それでもまだましかもしれない。いつか「絶対的な終わり」が来ると思えるのならば、現代の日本人がよくやるように、「人生は死ぬまでの暇つぶし」などと嘯きながら、何とか自分をごまかし続けることもできるだろうから。だが、仏教の基盤となっているのは輪廻転生の世界観である。私たちは何度も繰り返し生まれ続け、そして何度も繰り返し死に続ける。その無数の生涯を、「終わりのない不満足」の反復として、無益に消費し続けながら。

例えば『ダンマパダ』の第百五十三偈に詠われる、「生を何度も繰り返すのは苦しいことである（dukkhā jāti punappunaṃ）」というのは、ゴータマ・ブッダのみならず、当時のインドの宗教者・修行者たちに多く共有されていた、右のような実感をまさに表現したものなのであって、このことが理解できなければ、経典に語られる「苦（dukkha）」のニュアンスはわからない。「終わりのない不満足」が、無始以来の過去より未来永劫に至るまで繰り返され続けるという、彼らの感じていたリアリティを、せめて想像できなければ、「別に苦じゃないでしょ。俺は人生楽しい」と言うだけで、話が終わってしまうからだ。

さて、そのように仏教における「苦」の意味とは「不満足」であり、より根源的に言えば「不満足に終わりがないこと」であるわけだが、これはもちろん縁起の法則、即ち、現象が全て縁生（paṭicca-samuppanna，原因・条件があって生じたもの）であるということに起因している事態である。既に述べたように、縁起によって形成された諸現象は無常であり、そうした現象に依存した欲望の追求は、常に不満足に終わるしかない。要するに、「全ての現象は苦である（一切行苦）」という仏教の定型表現も、縁起という仏教の根本的な世界観を、別の形で言い換えたものに過ぎないのだ。

無我

では、三相の最後、「無我（anattan）」についてはどうだろう。この無我という概念の内実については、輪廻思想との絡みで第四章において詳しく論ずることになるが、この場で必要なだけの定義を与えておけば、それは経典においてしばしば「無我なるものは、『それは私のものではなく、それは私ではなく、それは私の我（本体・実体）ではない』と、このようにありのままに、正しき智慧をもって見られるべきである」[20]と語られていることからもわかるように、「己の所有物ではなく、己自身ではなく、己の本体ではない」ということである。

そして「所有物でも本体でもない」ということに含意されるのは、「己の支配下にはなく、コントロールできない」ということだ。実際、ゴータマ・ブッダの説法では、例えば色（身体）が我であるならば、それは病に罹るはずはないし、また色に対して「私の色はこのようであれ、このようであってはならない」と命ずることもできるはずだ、という指摘がしばしばなされる。[21]しかし、実際にはそんな命令はできないから、私たちの身体は勝手に病むし勝手に老いる。だからそれは、「私のものではないし、私ではないし、私の我ではない」[22]というわけだ。

また、「苦であるものは無我である（yaṃ dukkhaṃ tadanattā）」と言われるのも、この「コントロールできない」という「無我」の性質と深く関わる。「苦」という用語の意味は「不満足」であると先ほど述べたが、不満足というのは、言い換えれば「思いどおりにはならない」ということだ。そのように現象があなたの思いどおりにはならないことを認めるのであれば、それはあなたの本体でも所有物でもありませんよね、と、ゴータマ・ブッダは言うわけである。

仮面の隷属

ただ、そうは言っても私たちは、ふだん自分自身のことを「自由な行為者」であると何とはなしに感じていることが多いから、右のように言われても、「たしかに私は物質の挙動までは支配下に置いていないけれども、少なくとも自分の行為についてはコントロールしているし、ちゃんと思いどおりに振る舞っているはずだ」と、考える人たちはいるかもしれない。

この点について説明をする際には、十八世紀の哲学者であるカントによる、「(実践的)自由」と「傾向性」に関する議論が参考になる。即ち、日常において無自覚に生きている場合、私たちは心にふと浮かんでくる欲望、例えば「カレーが食べたい」であるとか、「あの異性とデートをしたい」であるとか、そういった欲求・衝動に「思いどおりに」したがうことを、「自由」であると思いなしがちである。しかし、カントによれば、そのように感覚に依存した欲求にそのまましたがって行為することは、単に人間の「傾向性」に引きずられているだけの他律的な状態に過ぎず、「自由」とは呼べないものである。[23] 心にふと浮かんできた欲望に、抵抗できずに隷属してしまうことが「恣意(選択意志、Willkür)の他律」なのだから、それは「自由」とは別物であると、カントは考えていたわけだ。[24]

仏教においても、(「自由」や「傾向性」という言葉は使わないけれども)基本的には同様に考える。少し時間をとって内観してみればすぐにわかることであるが、「心にふと浮かんでくる欲望」というのは、「私」がそれをコントロールして、「浮かばせている」わけではない。欲望はいつも、どこからか勝手にやって来て、どこかに勝手に去って行く。即ち、それは私の支配下にある所有物ではないという意味で、「無我（anattan）」である。[25]

つまり、私たちはふだん自分が「思いどおりに」振る舞っていると感じているが、実際のところは、その「思い」そのものが「私たちのもの」ではなくて、単に様々な条件にしたがって、心の中に「ふと浮かんできたもの」であるに過ぎない。

そのように「ふと浮かんできたもの」、即ち「無我」であるところの欲求や衝動に、それ以外のものを知らないから、ただしたがって行為するしかないのが凡夫にとっての「思いどおり」というものであって、そうである以上、それは上述のカントの用語法に沿って言えば「自由」と呼べるものではなく、単なる「恣意の他律」、即ち、仮面を被った隷属に過ぎないものであるということである。[26]

惑業苦

そしてまた、さきに述べた「凡夫に悪い癖がついてしまっている理由」、即ち、「凡夫の心が煩悩に汚された有漏である理由」についても、右の事情から考えることで、理解をすることができる。

何度も繰り返し述べているとおり、全ての現象は原因・条件によって生じた一時的なものであり、そこに実体は存在しない。だからこそ、それらは「無我」であるのであり、ゆえに「無我」というのも、無常や苦と同じく、縁起という現象の根源的な性質の、別の表現の一つに過ぎない。

そして、全ては縁生であるという性質は、外的な（bahiddha）現象であれ内的な（ajjhatta）現象であれ変わらないから、「外界」の物質や出来事のみならず、私たちの「内面」に感じられる意識現象に関しても、それらはあくまで原因や条件によって生じている、縁起の法則の支配下にあるものだということになる。先ほど述べたように、私たちの心には、「自分で浮かばせた」わけでもないのに、欲望などが「ふと浮かんでくる」が、そのような「思い」が「ふと浮かんでくる」にも、それなりの因縁は存在しているということだ。

では、そのように、私たちにとっての現象を規定している原因や条件とは何であろうか。仏教の世界観にしたがえば、それは生死輪廻の迷いの中で、無始以来の過去より積み重ねられてきた業である。

業（kamma, s. karman）とは、一語で単純に訳せば「行為」もしくは「作用」ということになるが、仏教のみならずインド思想全般において中心的な意義を有するこの術語は、現代日本語でただ「行為」や「作用」と言うのよりも、もう少し広い意味をもつ。インド思想の文脈においては、行為というのはそれが済めば完結するものではなくて、それは後に結果をもたらす潜在的な余力（潜勢力、potential）も残すものと考えられたから、そうした潜勢力まで含めた「行為」や「作用」のことを、「業」と呼称しているわけである。その意味で、「業」というのは一般に、「後に結果をもたらすはたらき」であると考えておいても、さほどに間違いではないだろう。

そして、仏教の世界観によれば、私たちは過去に積み重ねてきた無量の業の結果として現存在しているものであるのだから、私たちにはそのような無量の業の力（業力）が作用しており、それが私たちの現存在に、無数の行為の反復によって形成された行動と認知のパターン、言わば「癖」をつけている。しかるに衆生一般についている癖は、成道後のゴータマ・ブッダが述懐したとおり、「欲望の対象を楽しみ、欲望の対象にふけり、欲望の対象を喜ぶ」ものであるから、それは解脱・涅槃を目指すゴータマ・ブッダの教説の「方向」とは正反対であり、だからそうした癖による心のはたらきは、汚れたものとして「煩悩」と呼ばれ、そしてそのように煩悩で心の汚れた状態のことは、「有漏」と呼ばれているわけである。

経典には、「衆生とは業を自らのものとし、業の相続者であり、業を母胎とし、業を親族として、業を依りどころとするものである」[27]とも言われているが、仏教の立場からすれば、衆生というのはまさにそのように徹底的に業に条件付けられたものであり、そうした業と縁起によって形成された枠組み（世間）の中で、条件付けられた欲望をもち、条件付けられた欲望の対象を見出して、それらを次から次へと追い求めながら、鼻先に人参をぶら下げられた馬のごとく、終わりのない「不満足」の生の繰り返しの中を、盲目的に走り続けるものである。

そして当然のことだが、この「盲目的に走り続ける」行為（業）そのものによって、このサイクルには「燃料」が供給され続けているわけだから、何か「流れに逆らう」ような行為を敢えて行わない限り、それが自然に止まるということはあり得ない。

このように、衆生が煩悩（惑）と業のはたらきによって、苦なる輪廻的な生存状態に陥る次第のことを、仏教では「惑業苦《わくごっく》」と呼んでいる。語呂もいいので、覚えておいてもよいかもしれない。

四諦

さて、そのように私たちは、自然状態では右のような終わりのない惑業苦のサイクルの中に、言わば閉じ込められていることになるわけだが、果たしてそこから抜け出すことは可能なのか。そして、可能だとすれば、その手段とは何であるのか。

既に述べたように、もちろんゴータマ・ブッダは、そのような束縛された状態から解放されることは可能であるとし、そのための手段も説いている。そのことをまとめて示しているのが、仏教の基本であるとされる「四諦」説だ。

この「諦（sacca, s. satya）」というのは「真理」を意味し、だから「四諦」は「四つの真理」ということになる。そのそれぞれの内容については、ゴータマ・ブッダがその最初の説法（初転《しょてん》法輪《ぼうりん》）で語っているので、以下に該当の部分を引いておこう。

　さて、比丘たちよ、苦の聖諦《しょうたい》とはこれである。即ち、生は苦である。老は苦である。病は苦である。死は苦である。怨憎するものに会うのは苦である。愛するものと別離するのは苦である。求めて得られないのは苦である。要するに、五取蘊は苦である。

　さて、比丘たちよ、苦の集起の聖諦とはこれである。即ち、再生をもたらし、喜びと貪りを伴って、随所に歓喜する渇愛であって、つまりは欲愛、有愛《うあい》、無有愛である。

　さて、比丘たちよ、苦の滅尽の聖諦とはこれである。即ち、その渇愛を残りなく離れ滅尽し、捨て去り、放棄し、執著のないことである。

さて、比丘たちよ、苦の滅尽に至る道の聖諦とはこれである。それは即ち、聖なる八支の道であって、つまりは、正見《しょうけん》・正思《しょうし》・正語《しょうご》・正業《しょうごう》・正命《しょうみょう》・正精進《しょうしょうじん》・正念《しょうねん》・正定《しょうじょう》である。(28)

文中の四諦のそれぞれ（苦の聖諦・苦の集起の聖諦・苦の滅尽の聖諦・苦の滅尽に至る道の聖諦）は、短く「苦諦・集諦《じったい》・滅諦・道諦」と呼ばれることも多いけれども、経典の呼称では、その全てに「苦（dukkha）」という言葉が付されているということは、ゴータマ・ブッダの関心がまず第一に、「苦という現状の認識と、そこからの解放」にあったということを示していて、注目すべき点だと思う。

各々の内容について言えば、まず苦諦はいわゆる「八苦(29)」のことを述べていて、つまりは凡夫の生が総じて苦であることを示したものである。大切なのは、最後に「要するに、五取蘊は苦である(30)」と言われていることで、「五取蘊」というのは、衆生を構成すると同時にその執著の対象ともなる五つの要素全てのことを指しているのだから、要するに、ゴータマ・ブッダの説にしたがえば、少なくとも凡夫にとっては、「生きることそのものが苦である」ということになる。

さて、そのように「生きることそのものが苦である」とすると、その原因（集起、samudaya）は何であるのか。それを示すのが集諦であり、ゴータマ・ブッダによれば、その原因とは「渇愛（taṇhā）」である。そして、その渇愛を分析すれば、欲愛（kāmataṇhā）、有愛（bhavataṇhā）、無有愛（vibhavataṇhā）の三種類であることも指摘される。

三番目の滅諦は、その渇愛を残りなく徹底的に、滅尽させることを説いたものである。これは渇愛が苦の原因である以上、それを消滅させることで、苦からの解脱が可能であるということを示す。

そして最後の道諦は、この渇愛の滅尽のための方法を説いたものである。ここでは、「正見・正思・正語・正業・正命・正精進・正念・正定」という、いわゆる「八正道」が示されている。

別の経典(31)では、これらの四諦について、苦諦は十全に知られるべき（pariññeya）ものであり、集諦は捨断されるべき（pahātabba）ものであり、滅諦は実現されるべき（sacchikātabba）ものであり、道諦は修習されるべき（bhāvetabba）ものであるとされている。即ち、自らの苦なる現状を（中途半端にではなく）徹底的に知った上で、八正道を修習して、苦の原因である渇愛を捨断し、解脱・涅槃を実現するのが仏説の基本構造であるということだ。

既述のように、ゴータマ・ブッダはこの四諦の説を初転法輪から語っており、彼は以後四十五年間の教導生活の中で、基本的には同じことを、内容を敷衍しつつ繰り返し述べている。つまり仏説の根本とは、詮ずるところこの四諦であるということであり、少なくともゴータマ・ブッダの仏教を理解しようとする行為は、究極的にはこの四諦の内実を、理論的にも実践的にも、了知しようとする試みに帰着するということだ。

仏説の魅力

本章では、その試みを行うために、まず仏教の世界観であれ修道論であれ、その全てを成り立たせる理論的な基盤であるところの縁起の説と、そこから導かれる衆生の「苦」という存在状態の内実について、主に解説を行った。

衆生が業と煩悩という条件に束縛されて、苦なる輪廻的な生存状態に陥っているのも、そこから渇愛という原因を滅尽することで、解脱に至ることができるのも、全て「ものごとは原因・条件があって生起する」という、縁起の法則に基づいた話である。「縁起を見る者は法を見る」と言われるほどに、仏教においてこの説が重視されているのはそれゆえだ。

なお、この点に関連して、最後に付言しておきたいことがある。それは、ゴータマ・ブッダの教説の特徴というのが、しばしばそう誤解されているように、「輪廻的生存は苦だから解脱しよう」と言ったこと（のみ）ではないということだ。

既に少しだけふれておいたが、当時のインドの宗教者・修行者たちにとって、この輪廻的な生存状態に留まることは決して望ましいことではなく、可能であれば、そこから抜け出したいと望むという、その問題意識自体は、多く共有されていた。

では、ゴータマ・ブッダの教説の新しく、そして弟子たちにとっては魅力的であったポイントとは何かというと、それは彼が衆生の苦という存在のあり方を徹底的に分析した上で、それは原因による必然的な結果ではあるが、そこからの解脱は決して不可能ではないと結論したこと。そして、「私（ブッダ）はその原因を見出し、それを根絶することができた。私はその方法を君たちに教えてあげることができるし、そのとおりにやれば、君たちも必ず私と同じことができる」。このようにはっきりと語り、かつ、その言葉が真実であることを、彼の全人格をもって、対面する人々に納得させ得たこと。これこそブッダの教説が多くの人々を惹きつけた理由であって、それは本章で解説した法身偈における仏説の要約に、表現されているとおりである。

次章への移行

以上、本章では、縁起の説を中心としつつ仏説の基本構造について述べ、またその端的な要約であるところの、四諦の説についても紹介した。

次の第三章で行われるのは、仏教における善悪の問題、その意味するところについての検討である。先ほど確認したように、例えば道諦の内容は「八正道」であるとされるわけだが、そのように語られている「正邪」の基準、即ち仏教における価値判断の基準を明確にすることができなければ、その実践の意味についても、明確にすることは当然できなくなるからである。

第三章　「脱善悪」の倫理――仏教における善と悪

およそ悪しきことを為さず
善きことを行い
己の心を浄めること
これが諸仏の教えである[1]
――七仏通戒偈

瞑想で人格はよくならない？

ミャンマーには「瞑想センター（meditation center）」と呼ばれる施設が、国中にいくつもある。「センター」といっても、実際には僧侶がトップを務める寺院なのだが、その中でも、出家・在家を問わず広く希望者（とくに外国人）を受け入れて、衣食住を提供しつつ[2]、瞑想の指導をする準備のある施設のことを、そのように呼んでいる。

滞在費用は、在家者であれば任意の布施で構わないし、出家者であれば全く必要がない。運営費は、多く地元の人々の寄付によって賄われており、本気で修行する気持ちさえあれば、出家者であれ在家者であれ、とりあえずは生活の心配をすることなく、年単位で瞑想に集中する生活を送ることが許される。仏教に対する信仰と布施の文化が根付いている上座部圏の国だからこそ運営できる、たいへん貴重な施設である。

さて、そのような瞑想センターの一つで、国際的にも非常に有名な大規模森林僧院を訪ねた時に、とても印象的な経験をした。そこで既に七年以上も滞在している、古株の日本人僧侶がいるというので挨拶に行ったところ、彼が私に対して開口一番に、「ここで瞑想しても人格はよくなりませんよ」と言ったのである。

こちらのほうから人格云々という話を出したわけでは全くなくて、本当に唐突にそう言われたので驚いたのだが、おそらくはその瞑想センターでの生活を長く続けるうちに、色々と感じるところが、その僧侶の方にあったのであろうと思う。実際、私がそのセンターに滞在したのは五ヶ月ほどだが、彼が何を見てそのように言ったのかということについては、自身の経験としても、多少なりとも納得のいくところはあった。

現代日本では、オウム真理教事件の記憶が薄れてきたことと、またテーラワーダやチベット仏教などの新しい紹介が増えてきていることもあって、スピリチュアルな実践としての瞑想への関心は、増加傾向にあるようである。

ただ、そうした関心のうちには、瞑想の実践を行うことによって、例えば「頭がよくなる」であるとか、「人間関係が上手くいく」といった、「実生活に役立つ」ことを求める動機も、ある程度は含まれているように思われる。もちろん、「役に立たない」ことをわざわざやりたがる人は少ないので、そのこと自体は当然のことなのだが、とはいえそうした動機から瞑想を実践しようとする人たちからすると、「瞑想しても人格はよくならない」という右の僧侶の言葉は、多少の衝撃をもって受け止められるかもしれない。

善も悪も捨て去ること

もとより「瞑想（meditation, contemplation）」と一口に言っても、その種類は様々である。テーラワーダのサマタやウィパッサナー[3]はもちろん瞑想だし、チベット仏教も独自の瞑想法をもっている。禅やヨーガも瞑想の一種であるし、キリスト教にも、そう呼ばれ得る実践はある。それぞれの瞑想には、それぞれの目的と方法があるし、その中には、「人格をよく（善く・良く）する」効果をもつものも、存在しているだろう。テーラワーダでも、例えば慈愛の瞑想（mettā bhāvanā）[4]は、そうした種類のものであると考えてよい。

だが、ゴータマ・ブッダの仏教の目標である解脱・涅槃を得るための瞑想法――例えばテーラワーダで言えばウィパッサナー――は、それを修することの直接的な結果として、世俗的な意味で役に立ったり、人格がよくなったりすることはないし、またそうなることを、原理的には期待できないものである。第一章でふれたとおり、ゴータマ・ブッダの仏教は、私たち現代日本人が通常の意識において考えるような「人間として正しく生きる道」を説くものではなく、むしろ社会の維持に欠かせない労働と生殖を否定し、そもそもその前提となる「人間」とか「正しい」とかいった物語を破壊してしまう作用をもつ。渇愛を完全に消滅させて阿羅漢となったヤサが「卑俗に戻る」ことができなくなったことからもわかるように、解脱というのは、俗世間がそれに基づいて機能しているところの、愛執が形成する全ての物語からの解放だ。(5)

そして、第二章で解説したように、仏教の世界観からすれば、そうした物語は原因や条件による一時的な現象として形成されたもの（縁生のもの）に過ぎないから、そうした概念に基づいて形成される「善悪」の基準も、条件が変わればコロコロと変わっていく。卑俗だがわかりやすい例を挙げれば、平時に一人を殺せば重罪人だが、戦時に百人殺せば英雄になると、よく言われるようなものである。

「人格」について言っても同じことで、どのような人格が「よい」とされ、どのような人格が「悪い」とされるかは、その場の文脈、言い換えれば、そこにいる人々が共有している物語によって変わってくる。そのような無常の物語に自己を最適化しようとし続けて、終わりのない不満足のサイクルに絡め取られることから決定的に解脱することがゴータマ・ブッダの仏教の目標なのだから、そこに向かっていく修行者は、世俗的な意味での「善悪」からは、当然どんどん距離を取っていくことになるだろう。

要するに、「善と悪」という区分は基本的には物語の世界に属するものであり、そして解脱とは愛執のつくりだすそうした全ての物語から解放されることであるのだから、その境地には通常の意識で私たちが想定するような「善」も「悪」も、存在し得ないということだ。『ダンマパダ』には、「心が煩悩に汚されず、思いが乱れず、善も悪も捨て去って、目覚めている人にとっては、恐れるものは存在しない(6)」という有名な偈があるが、それは右のような事情によるのである。

瞑想は役には立たない

日本では、大乗仏教の影響で、「悟り」と言えば円満な人格完成者としての仏の悟りのイメージが強いから、解脱・涅槃を証得した人は、同時に世俗的な意味でも非の打ちどころのない善人となり、また日常の振る舞いにも拙いところは全くなくなるはずだと、考えている人は多いかもしれない。

だが、少なくともゴータマ・ブッダの指示する目標に向かって修行する／した人たちについて言えば、これは必ずしも当たっていないと思われる。右に述べたように、解脱・涅槃を目的とする実践は、「役に立つ」とか「人格がよくなる」とか、そのような「物語の中で上手に機能すること」を求める文脈からは、むしろできるだけ距離をとっていくことを、その本旨とするからである。

もちろん、ゴータマ・ブッダの仏教でも世俗的な意味での善行は積極的に推奨しているし、また日常の振る舞いについては仏教徒であれば戒律に従うことになるから、そうした教理的に定められた振る舞いのコードを遵守している限り(7)、修行者の行為が社会的な「悪」になるということは基本的にない。

しかし、社会的な「悪」を行わず、非難の対象にはならないということと、その人の人格が他者から見て「優れて」いて、日常の文脈の中で「役に立つ」人物であるということは、必ずしも同じではない。実際、瞑想の実践者で、長く修行して一定の境地に達した人でも、社会的な意味で「優れて」いて「役に立つ」人物であるかどうかというのは、結局のところ、その人の元々の性格や能力、そして「物語の中で上手に機能する」ために意識的に行ってきた訓練の度合に、依存することがほとんどである。

このこと自体は、解脱・涅槃を目指す瞑想の本性上、原理的には当然のことなのであって、意外なことは何もない。ただ、現代日本でそうした瞑想を推奨する人たちの中には、「この瞑想をすれば、人格がよくなるし、日常生活も上手くいく」といった「効能」を説き、それが得られないとすれば瞑想のやり方が悪いのだと、あたかも瞑想が万能の処方箋であるかのようなことを言う人もいる。こうした言説は、解脱・涅槃に導く瞑想に対する基本的な誤解に基づくので、注意しなければならないと思う(8)。

十善と十悪

さて、そのように解脱・涅槃に向かう実践自体は、「善も悪も捨て去ること」、言わば「無善無悪」を目指していくことなのだが、それではゴータマ・ブッダの仏教は、「為善去悪（善を為し悪を去ること）」は説かないものなのか。

もちろんそんなことはない。例えば本章冒頭に引用した七仏通戒偈（過去七仏に共通する戒めの偈）は、仏教思想を一偈に要約したものとして、宗派を問わず、現在に至るまで常に説法の中で参照され続けているものである。そして、そこで説かれているように、「悪を為さず善を行うこと」は、ゴータマ・ブッダ以来の仏教者全てにとっての基本的な徳目となっており、ゆえに仏教は強く倫理的な性質を有する宗教であると、一般には考えられている。

ならば、ここで言う「善／悪」とは具体的に何であり、それと「無善無悪」たる解脱・涅槃との関係はいかなるものなのか。次はそのことを考えよう。

まず、初期経典の範囲内で善（kusala）と悪（akusala）の定義を探せば、それはいわゆる十善と十悪であるとして、具体的な十の徳目を並べるのが、定型的な説明となっている。[9] まず十悪を紹介すると以下のとおりだ。

一　殺生（pāṇātipāta）
二　偸盗（adinnādāna）
三　邪淫（kāmesumicchācāra）
四　妄語（musāvāda）
五　両舌（pisuṇā vācā）
六　悪口《あっく》（pharusā vācā）
七　綺語（samphappalāpa）

八　貪欲（abhijjhā）
九　瞋恚（byāpāda）
十　邪見（micchādiṭṭhi）

これらのうち、一から三は身の悪業であり、四から七は口の悪業、そして八から十は意の悪業で、合わせて身・口・意の三つのはたらきによって行われる悪業を網羅していることになる。そして十善はこれらに否定形を付したもので、即ち、「不殺生・不偸盗・不邪淫・不妄語・不両舌・不悪口・不綺語・不貪・不瞋・正見」である。要するに、十悪を行わないことが、十善であるということだ。

十悪のうち、殺生というのは読んで字のごとく。偸盗とは盗みのことで、邪淫とは不倫のこと。妄語は嘘で、両舌は他人を仲違いさせる中傷。悪口は人を傷つける粗悪な言葉であり、綺語は無益なおしゃべりである。そして、貪欲は強い貪りであり、瞋恚は強い怒りのこと。最後の邪見とは、（仏教的に）誤った見解を保持することである。

これら十悪は、その多くが、現代日本社会で行っても不道徳な行為とみなされるであろうし、それらを避ける十善を実践すれば、そこそこ「善い人」でとおるであろう。その意味で、これらは現代社会でも、十分に通用する倫理規範である。

善因楽果、悪因苦果

ただ、十善・十悪は右のように個々の徳目を列挙したものに過ぎないから、「善／悪」を判定する一般原則は何かという点に関しては、これだけではよくわからないところがある。

そこで後代の教理学ではその点を補って、善というのは行為者に楽（sukha）の結果をもたらすものであり、悪というのは行為者に苦（dukkha）の結果をもたらすものであると定義する。[10]「善因楽果、悪因苦果」という有名な仏教用語は、この原則を表現したものだ。

もちろん、善を為したからといって直ちに行為者が楽（幸福）を得るわけではないし、悪を為したからといって直ちに苦（不幸）に陥るわけでもないというのは、私たちのみな知っていることである。だが、第二章でも述べたように、仏教では業と輪廻の世界観を基本とするから、善悪の行為は業として後に結果をもたらす潜勢力を残すことになり、それはいつか必ず発現するから、行為者は自分の行いがもたらす結果を、輪廻転生の過程の中で、苦楽の感受として、最終的には引き受けざるを得ないことになるわけである。現代日本では日常的な表現になっている「自業自得」というのも、もとは仏教用語であるが、それはこの事情を示すものだ。

素朴な功利主義

そのように、行為者に楽の結果をもたらすものが善であり、苦の結果をもたらすものが悪であるとすると、仏教の倫理観とは、言葉の素朴な意味での「功利主義」に属するものであるということになる。そして、このこと自体は、仏教の基本的な立場からすれば原理的に当然そうなるべきことで、とくに不思議な事態ではない。

既に述べたように、ゴータマ・ブッダの仏教の究極的な目標である解脱・涅槃とは、「善も悪も捨て去った」先に到達されるものであり、それは苦から解放された境地であるがゆえに、「涅槃は最上の楽である」[11]と言われている。第一章で述べたゴータマ・ブッダの説法躊躇の事情からも推察されるように、彼の教説が第一に目指していたことは機根（才能）のある個人を苦なる生存状態から解脱させることなのであって、世界や人々を倫理的に善くすることではないのだから、これは当然のことである。

ただし、「善も悪も捨て去る」ということは、「善とも悪とも関わりのない、そのような物語からは離れた境地」を究極的には目指すということであり、そうである以上、それは修行者が日常の行為において「善」を志向することを妨げはしない。つまり、ゴータマ・ブッダの仏教の究極的な目標は「脱善悪」であって「反善悪」ではないのだから、涅槃を目指す実践の障害にならない限りにおいては、自他に「楽」をもたらす「善」の行為は、積極的に推奨して構わないということである。

この、仏教の本質が「脱善悪」であって「反善悪」ではないということは、その倫理観を理解する上で、とても大切なポイントだ。善悪を否定する（これも一種のとらわれである）のではなくて、それを超脱した境地を目指すのである以上、修行者が日常の（つまり、「世間」の範囲内での）振る舞いにおいて善を行うことを、否定する理由はない。他方、「自業自得」という仏教の世界観からすれば、悪行為は修行者に苦の結果をもたらすものである以上、苦からの解脱を求める仏教者が、それを避ける理由はあるのである。

実際、個人が目先の欲につられて殺生や偸盗といった悪を為したとしても、仏教の世界観によるならば、その人にとってよいことは何もない。一瞬の欲望の充足の後には、苦なる結果が待ち受けているわけだし、苦しみすぎれば解脱に至る実践を行うこともおぼつかなくなってしまい、涅槃という「最上の楽」からは遠ざかる。まさに「善因楽果、悪因苦果」というわけで、そのようなある意味では素朴な功利主義に基づいて、「悪行為はあなたに不幸をもたらすし、善行為はあなたに幸福をもたらすから、悪を為さずに善を行いなさい」と勧めるのが、仏教倫理の基本である。

有漏善と無漏善

ただ、そのような世俗的な意味での善悪——つまり、将来において感覚的な楽を得たいという煩悩、あるいは物語に基づいた善悪——を超えたところに存在する「最上の楽」、即ち涅槃のことを、「上善」なり「至善」なりと位置づけるのは、お好みであれば自由である。実際、後代の教理学では前者を求める世俗的な善を「有漏善（煩悩の影響下にある善）」とし、後者を目指す超俗的な善を「無漏善（煩悩の影響下にない善）」とする分類も行われた。

とはいえ、この「有漏善」と「無漏善」は、同じ「善」という名前はついていても、その基本的な性質を異にすることは、再度確認しておかねばならない。前者は、渇愛に基づいた物語の世界の中で上手く機能することによって、感覚的な楽（幸福）を得ることを目的とする「善」であり、後者はそうした文脈からは全く離れて、それに左右されることから決定的に解脱した、「最高の楽」を得ることに繋がる「善」だからである。

そして、ゴータマ・ブッダの仏教においては、後者の「無漏善」の実践こそが第一の当為であり、前者の「有漏善」の実践は、それに比べれば副次的な地位におかれている。「七仏通戒偈」にふれるテーラワーダ僧侶の説法では、この偈でいちばん大切なのは、第三句の「己の心を浄めること」であって、「悪を為さず善を行うこと」は、そのための基礎であるとしばしば説かれるが、これもゴータマ・ブッダのそのような態度を背景として、言われていることであると思われる。

社会と対立しないための「律」

また、「善悪」に対するゴータマ・ブッダのこうした態度は、僧侶の集団（サンガ）の規則である、律の内容にも表れている。仏教学者の佐々木閑《しずか》は、律とは「無産者（僧侶）の集団が、社会の人たちから『この人にならお布施してもよい』と敬意を受けつつ活動を続けるために必要な、『僧侶としての格好良さ』を維持するための行動マニュアルである」という趣旨のことを述べているが、[12]この定義は、律というものの性質を、非常によく表現したものだ。

第一章でも述べたように、出家者というのは労働と生殖を行わない無産者であり、その集団がサンガ（僧伽）である。したがって、彼らが修行生活を維持するためには、在家者からの善意の援助が不可欠になるし、そうであれば、彼らから非難を受けず、できれば好意をもたれることが必要である。世俗的な善である有漏善の実践を怠って、在家者たちから「彼らにはお布施をする価値がない」と思われてしまうと、サンガの修行生活は直ちに立ち行かなくなるし、そうなれば、無漏善の追求も不可能になってしまうわけだ。

だから律の規定には、在家者からの批判に敏感に反応したものが多く見られる。例えば、ゴータマ・ブッダは自身が出家する際に、両親の許可を得ることなく、妻子を捨てて出て行ったものと伝えられている。これは涅槃を希求しての行為であるから、仏教の原理的な価値判断からすれば、無漏善の行為ということになるだろう。だが、現代日本人の価値観からすれば、自己の目的のために妻子を捨てることは倫理的だとみなされないことが多いだろうし、当時のインドでも、父親のスッドーダナはかなり辛い思いをさせられたというのは、第一章で見たとおりである。

そこでゴータマ・ブッダは、スッドーダナからの抗議を受けて、出家の際には両親から許可を受けることを必須と定めた。ブッダ自身はこれを守っていなかったわけだが、そのルールを定めることなく、本人が希望するからといって、周囲の同意なしに在家者を出家させることを続けていたら、それが社会との軋轢を生むことは、オウム真理教の例から考えてもわかるだろう。二千五百年の時を経て、世界各地にいまでも仏教のサンガが残っているのは、このように俗世間との対立を極力起こさぬように配慮しつつ定められた、律の効果の賜である。[13]

「脱善悪」の倫理

さて、そのようなわけで、仏教の倫理規範は、ある種の「二重構造」をもつことになる。繰り返し述べているように、ゴータマ・ブッダの仏教における最高の価値は涅槃であり、それを目指すことは、仏教の価値の枠組みからすれば最上の「善」であるとも言える。だが、解脱・涅槃の境地というのは、世俗的な意味での善や悪はともに捨て去ったところにあるものだから、そこから俗世における善悪の基準、即ち倫理規範を直接的に導くことは不可能だ。それゆえ、物語の世界である世間（loka）の中での日常的な振る舞いに関しては、素朴な功利主義と、サンガの場合は一般社会からの非難を受けないことを基準として善悪を定め、そうすることで、信徒の世俗的な意味での幸福と、社会の中での生き残りを、仏教は担保してきたわけである。

仏教の倫理思想は、このように「脱善悪」の風光を根底に保持しているものであるから、それは世俗倫理に関しては、よく言えば柔軟な、悪く言えばゆるい性質をもっている。鈴木大拙は禅仏教について、「それはアナーキズムにもファシズムにも、共産主義にも民主主義にも、無神論にも観念論にも、その他いかなる政治的・経済的ドグマにも結びついていることがあり得る[14]」と言っているが、これは必ずしも禅に限った話ではなく、仏教は一般に、社会のドグマや統治権力と対立することが比較的少なく、むしろそれらに穏当に適応して保護を受けることで、長い年月を存続してきた。

このような仏教の倫理に関する態度については、様々な意見があり得るだろうが、少なくともゴータマ・ブッダの仏教が第一に目標としていたところは「無善無悪」の涅槃である以上、「それ以外のことについては社会で軋轢を起こさぬ程度に適当に」という姿勢でいることに、宗教として大きな問題はないだろうと私は思う。仏教が独自の固定的な倫理基準を有して社会を厳しく批判するような勢力であれば、無産者の集団が人々の好意に依存した援助に基づいて、「善も悪も捨て去った」境地を追求することを許されるという、改めて考えれば奇跡的な制度は、二千五百年間も維持され得なかっただろうと考えるからである。

ただし、これはあくまで「出世間」であり「無善無悪」である涅槃の証得を究極の目的とし、「それ以外のこと」は副次的な地位に置かれる、ゴータマ・ブッダの仏教の筋に即した話であり、「世間」における方便行を「出世間」への超脱と同等か、あるいはそれ以上に価値付ける仏教のセクトがあったならば、そこにおける世俗倫理の扱い方は、ゴータマ・ブッダの仏教におけるそれよりも、ずっとシビアに考えられなければならないだろう。

こうした問題は、いわゆる「エンゲージド・ブディズム」[15]の運動とも関わって、現代仏教におけるホットなトピックになっているところだが、本書では主題的に扱わない。ただ、この種の問題を考える上で欠くことのできない、仏教という宗教の根源的な性質に関する理解は、本書全体の叙述を通じて、提供することができるだろう。

次章への移行

本章では、ゴータマ・ブッダの仏教における究極の価値が涅槃であり、それが「無善無悪」のものである以上、世俗における善悪を問題とする倫理思想は、そこにおいては重要ではあるが副次的な地位に置かれるということを論じた。

しかし、そうだとすると、例えば「慈悲」のような、高い倫理的価値を有するとされる仏教の思想も、単に素朴な功利主義から採用されたものであって、ゴータマ・ブッダの仏教の究極的な価値とは関わりのないものであるのか。必ずしもそうではない、と私は考えているが、この点については涅槃の性質を考えた上でなければ語ることができないので、後の第七章において、改めて言及することにする。

ところで、倫理を考える上でもう一つ重大な問題となるのは、自由意志とその主体である。第二章でも軽く触れたが、善行為や悪行為が可能となり、「自業自得」が成立するためには、程度の差はあれ何かしらの「自由」が存在しており、それを行使する「主体」がなければならない。だが、仏教は一般に「無我」を説くものとされている。この間の矛盾は、いかにして調停されるべきなのか。

次章では、この「無我」という仏教の基本教理の内実を解明した上で、それとの関連でしばしば問題とされる輪廻思想の仕組みを解説し、しかる後に、仏教における「自由」の存在余地についても考察してみることにする。

第四章　「ある」とも「ない」とも言わないままに――「無我」と輪廻

数多の生にわたって、私は輪廻を経巡ってきた
家の作り手を探しながら、しかしそれを見出すことはなしに
生を何度も繰り返すのは苦しいことである

家の作り手よ、おまえは見られた。もはやおまえが家を作ることはない
おまえの垂木は全て折れ、棟木は破壊されてしまった
心は条件付けられた現象を離れ、渇愛の壊滅に至っている(1)

――ダンマパダ

「無我」とは言うけれど

「無我（anattan, s. anātman）」というのは、仏教の基本教理であると言われている。だが、これは同時に仏教史を通じて常に議論の的になり続け、また現代でも多くの実践者・学習者を混乱させ続けている概念でもある。

まず第一に、いくら「無我」だと言われても、私たちは事実として一人一人が違う身体をもっているし、ゆえに認知している世界もそれぞれ異なる。私の目が捉える世界と、あなたの目が捉える世界は、身体の占めている位置が異なる以上、当然異なったものになってくるし、それに対して抱く思いも、各人の「内面」にそれぞれの仕方で展開するもので、それらが交じり合うことは基本的にない。そして、そうした意味での「個体性」であれば、どれほど長く修行した僧侶であっても維持され続けているように思われるから、彼らが「無我」だと主張しても、「いやだって『あなた』は存在しているじゃないですか」と、やはり言いたくなってしまう。

もっと問題なのは、「無-我（an-attan）」だと言ったはずのゴータマ・ブッダが、別の文脈ではその「我（attan, 自己）」を積極的に肯定しているように見えることである。例えば、「己こそ己の主人である」[2]というのはダンマパダの有名な言葉だし、『大パリニッバーナ経』の「自らを島とし、自らをよりどころとして、他をよりどころとせず、法を島とし、法をよりどころとして、他をよりどころとせずにあれ」[3]という言葉は、ブッダの遺言の一つとして、人口に膾炙しているものだ。そんなふうに「自己を当てにしろ」と言いながら、同時に「無我」だと主張するとは、いったいどういうことなのか。

また、前章の末尾でも述べたように、仏教では倫理的行為を推奨する以上、当然「行為者」には一定の「自由」が担保されていなければならないし、「自業自得」を言う以上、行為の結果を引き受ける「主体」も必要となる。そしてもちろん、その「主体」は輪廻転生の過程を通じて存続するもののはずだから、そう考えると、「無我」などということはあり得ないようにも思えてくる。

このように、「無我」という概念には様々な矛盾が含まれるように思われるし、だからそれと相性の悪い輪廻説をゴータマ・ブッダは説かなかったはずだといった、誤解も生ずることになった。しかし、私の見方では、こうした様々な矛盾点は、いずれも「我」や「無我」の性質を適切に整理して把握しきれていないことから現れる、見かけ上のものに過ぎないように思われる。以下、本章ではそのことを明らかにしていく。

「無我」の「我」は「常一主宰」

この問題を考える際に、まず第一に確認しておかねばならないことは、「無我」と言う時にゴータマ・ブッダが否定したのは、「常一主宰」の「実体我」であるということである。これは基本的なことであるにもかかわらず、一般にはしばしば忘れられがちだ。

「常一主宰」とは、読んで字のごとく、常住であり、単一であり、主としてコントロールする権能を有する（主宰する）もの、ということである。そのような実体的な我を主たる問題とし、しばしばそれを見出そうと試みるのが、ゴータマ・ブッダ当時の宗教者・修行者たちの行っていた努力であった。「無我」と言うことでゴータマ・ブッダが否定したのは、そのような意味での実体我、あるいはより正確に言えば、そのような実体我を問題とする当時の文脈である。[4]

第二章で確認したとおり、仏教の基本的な立場は全ての現象は縁生であるということであり、したがって諸行は無常であるということである。ゆえに、この世界（loka）において私たちが認知できる現象は全て無常であり、だからそうした現象は、どれをとっても右のような意味での「我」ではあり得ない。同じく第二章で見た、「老いたり病んだりと、勝手に変化するものは我ではありませんよね」というゴータマ・ブッダの論法が成立するのも、そこで問題となっているのが、「常一主宰」の「実体我」であるからである。

このような主張の文脈を考慮に入れずに、「無我」という言葉のみに引っ張られて、ゴータマ・ブッダは言葉のあらゆる意味での「我」、即ち、実体我のみならず経験我[5]まで余すところなく否定したのだと考えてしまうと、最初に述べたような深刻な矛盾に当面することになる。ゆえに、「無我」と言う時の「我」が「常一主宰」の実体我であるということは、最初にしっかりと確認しておかねばならない。

断見でもなく、常見でもなく

次に大切なことは、ゴータマ・ブッダが「無我」と言う場合、彼は世界内の現象の一つ一つを挙げて、「内面的なものであれ外面的なものであれ、それらはどれをとっても我ではない」ということは言っているが、ならば「我」は絶対的な意味で非存在だと主張するかというと、彼自身はそのことについては沈黙を守っているということである。

ゴータマ・ブッダの「無我」の説き方は常に、私たちに認知できる世界内の現象の一つ一つを取り上げて、それらを anattan だと指摘していくやり方である。例えば第二章で確認したような、五蘊の一つ一つを取り上げて、色（物質・身体）も「無我」だし受（感覚・感受）も「無我」だ等々と、述べていく説き方がそれに当たる。

そして、「無我」の原語である anattan（s. anātman）は、attan（s. ātman）に an という否定辞を付したものだ。だから、この語は「我が無い」という意味での「無我」だとも、「我ではない（我に非ず）」という意味での「非我」だとも、解釈することが可能である。後者の解釈をとったのが有名な中村元の「非我説」で、彼の見方によれば、ゴータマ・ブッダは同時代の他の宗教者・修行者たちが求めたウパニシャッド的な我は否定したが、「真実の自己」としての我の存在は認めていたということになる。

この中村の説は、厳格な無我説（我はあらゆる意味で存在しないとする説）を奉ずる仏教者・研究者たちからは評判の悪いものだが、右に示したようなゴータマ・ブッダの「無我」の説き方自体に、そのように解釈され得る余地が存在するということは、やはり認めねばならないと思う。経典に見られるゴータマ・ブッダの「無我」の説き方には、ある種の曖昧さが存在していて、ゆえに一見したところでは、本章の最初に指摘したような矛盾も生ずるように思われるし、またそのような曖昧さがあるからこそ、この「無我」の概念をめぐっては、古今に様々な解釈が行われてきた。中村の「非我説」も、そうした解釈のヴァリエーションの一つとして、十分に検討される価値のあるものだと私は思う。

ただ、私自身は、この「非我説」を支持しない。経典による限り、ゴータマ・ブッダは「我が無い」と言い切ることには否定的だが、同時に「我が有る」と言い切ることに関しても、明確に否定的であるからである。

基本的なことだが、仏教において「常見(sassata-diṭṭhi)」と「断見(uccheda-diṭṭhi)」は、ともに明確な否定の対象である。常見というのは、世界は常住不滅のものであり、人は死んでも実体的な我が永久に存在し続けるという見解のこと。そして断見というのは、世界や自己の断滅を主張するもので、人は死んだら無になるという見解のことである。この両者は仏教における明確な邪見(誤った考え方)だが、我が実体的な意味で存在するなら常見が導かれ、我があらゆる意味で存在しないなら断見が導かれる以上、断常の二見が否定されるということが示すのは、仏教においては絶対的(実体的)な意味での無我も有我も、ともに否定されるということだ。

実際、例えば中部経典の第二経である『一切漏経(Sabbāsava-sutta)』においては、「私に我はある(atthi me attā)」という見解も、「私に我はない(natthi me attā)」という見解も、ともに邪見であると明言されている。[6]「我は有る」という主張にせよ、「我は無い」という主張にせよ、そう言い切ってしまったら、仏教においてはどちらも誤りだということである。

ブッダの「無記」

そのようなわけで、「ゴータマ・ブッダの挙げた現象の一つ一つは我ではない(非我)が、それ以外のどこかに真実の自己（我）は見出され得る」という含意を強くもつ「非我説」は、ゴータマ・ブッダの教説の解釈としては採用しにくい。そして、「我はあらゆる意味において存在しない」と言い切る「厳格な無我説」も、右に述べたような理由によって、採用することは同様に難しいだろう。

それでは、我の存在・非存在という問題に関するゴータマ・ブッダの態度はいかなるものであったのか。それは、他の形而上学的な問題に対するのと同様に、「無記」であったと解釈するのが妥当であろうと、私は考える。

「無記（avyākata）」というのは、回答されないこと・明記されないことを意味し、具体的には十無記[7]という、ゴータマ・ブッダによって回答されなかった、四種類・十項目の形而上学的な問いのことを指す。その内容は以下のとおりだ。

Ⅰ　①世界は時間的に常住であるか

Ⅱ　②世界は時間的に無常であるか

　　③世界は時間的に有限であるか

Ⅲ　④世界は空間的に無限であるか

　　⑤霊魂と身体は同一であるか

Ⅳ　⑥霊魂と身体は別異であるか

　　⑦如来は死後に存在するか

⑧如来は死後に存在しないか
⑨如来は死後に存在しかつ存在しないか
⑩如来は死後に存在するのでもなく存在しないのでもないのか

こうした問いは、世界（loka）の中で縁生の現象をどれほど観察したところで答えの出しようのない、まさに「形而上学的な」問いである。弟子や異教の徒（外道）からこうした質問をされた時には、ゴータマ・ブッダは、「それは無益で、梵行のはじめにもならず、厭離《おんり》・離貪・滅尽・寂静・神通・正覚・涅槃にも導かない」と言って回答を与えず、代わりに苦の滅尽と涅槃に導く、四諦の教えを説くのが常であった。例えば、こうした形而上学的な問いが気になって仕方がなかった弟子のマールンキヤプッタに対して、ゴータマ・ブッダは有名な毒矢の喩え(8)も示しつつ、そのように言って彼の問いを斥けている。(9)

この十無記の中で、本章の文脈上において興味深いのは、四種類目の「如来は死後に存在するか」という問いである。如来というのは覚者・仏の異名だから、(10)縁起と「無我」の理を悟り、輪廻から解脱して二度と生まれない存在のはずである。したがって、解脱の意義が「真我」に目覚めることなのであれば、「如来は死後に存在する」と言えばよいし、「我はあらゆる意味で存在しない」と知ることなのであれば「如来は死後に存在しない」と言えばよい。いずれにせよ、「厳格な無我」か「真我の存在」のどちらかが答えなのであれば、断言的に答えることの可能な問いであるように思われるのだが、ゴータマ・ブッダはこの種の質問には、決して答えを与えることがないのである。

「厳格な無我」でも「非我」でもない

このように、「我」の絶対的な意味での存在・非存在についてはゴータマ・ブッダは無記の態度を維持するのが常なのだが、それがもっとはっきりしているのは、相応部の「無記相応（Avyākata-saṃyutta）」に収められた、『アーナンダ経（Ānanda-sutta）[11]』である。

ある時、ゴータマ・ブッダはヴァッチャ姓の遊行者に「我はありますか？[12]」と問われ、また「我はありませんか？[13]」とも問われたが、どちらにも黙して答えなかった。それで遊行者は去ったのだが、その様子を見ていたアーナンダに黙していた理由を問われて、ゴータマ・ブッダは「我はあると答えれば常住論者たち（sassatavādā）に同ずることになるし、我はないと答えれば断滅論者たち（ucchedavādā）に同ずることになるだろう」と答え、また「我はあると答えれば諸法無我という智の生起に違背することになるし、我はないと答えれば迷乱したヴァッチャ姓の遊行者は、『以前にはたしかに我があったのに、いまはない[14]』と、ますます迷妄に陥ることになるだろう」とも述べた。以上が『アーナンダ経』の内容である。

仏教学者の桂紹隆は、広くインド仏教思想史における「無と有」をめぐる議論を参照した上でこの経典を取り上げ、「アートマンの有無の問題に関して『沈黙』を守った『無記』の立場、したがって有と無の二辺を離れた『中道』という理解こそ、初期経典に記録されるブッダのこの問題に対する最終的な答えであったのではないかと思う」と述べ、「無我説」でも「非我説」でもなく「無記説」こそがブッダの真意だったのではないかと推測しているが[15]、私もこの解釈に同意する。

既に確認したとおり、「我はある」というのも「我はない」というのも、そう断言すればともに誤りであるということは経典に明言されており、また直接に質問されれば、ゴータマ・ブッダは我の存在・非存在については沈黙を守っていたというのも、右に見たとおりである。つまり、我（アートマン）の絶対的・実体的な意味での存在については「無記」であったというのが、経典から知られるゴータマ・ブッダの説の素直な解釈であるということだ。

そうであれば、ゴータマ・ブッダの教説を理解する上で私たちの為すべきことは、「では実際には実体我は存在するのか」と問うて、「厳格な無我」なのか「非我」なのかの二者択一に決着をつけることではなくて、そのような実体に関する形而上学的な問いを受けた時には常に答えずに四諦の教えを説くのみであった彼の態度の意味について、深く考察してみることだろう。この点については、とくに次章で詳論することになる。

無常の経験我は否定されない

さて、そのように我の絶対的な意味での存在・非存在については「無記」を貫いたのがゴータマ・ブッダの基本的な態度であったとすれば、彼はなぜ五蘊のような世界内の個々の現象については、いちいち「我ではない（an-attan）」と指摘したのか。また、そのことの意味は何か。次はこのことについて考えてみよう。

まず言えるのは、ゴータマ・ブッダが an-attan と言う時に意図して否定しているのは、常一主宰の実体我だということである。このことは先にも述べたが、五蘊にせよ、それ以外の世界内の諸現象にせよ、仏教の立場からすれば、それらは全て縁生のものであり、したがって無常のものである以上、常一主宰の実体我ではあり得ない。

しかし、だからといってゴータマ・ブッダは、我（attan）があらゆる意味で絶対的に存在しないとも言い切らない。『アーナンダ経』における遊行者への対応にも表れているとおり、普通に考えれば存在しているように思われる我について、それを「ない」と言い切って人々を混乱させてしまうことは、ゴータマ・ブッダは注意深く避けている。そして、そのような経験的な意味での我（自己）であれば、「自己を頼れ」という仕方で、場合によってはむしろ積極的に肯定していることも、既に確認したとおりである。

つまり、ゴータマ・ブッダは現象の世界（世間、loka）内の諸要素のどれかが実体我であると考えることについては明確に否定しているが、常一主宰の実体我ではない経験我については、必ずしも否定していないということである。では、ここで否定されていない経験我、「自己を頼れ」という場合のその「自己」とは、いったいどのようなものであろうか。

結論から言ってしまえば、それは縁起の法則にしたがって生成消滅を繰り返す諸要素の一時的な（仮の）和合によって形成され、そこで感官からの情報が認知されることによって経験が成立する、ある流動し続ける場のことである。本章の冒頭に使用した言葉でパラフレーズするならば、それを「個体性」だと言ってもよい。

仏教に対するよくある誤解の一つとして、「悟り」とは「無我」に目覚めることなのだから、それを達成した人には「私」がなくなって、世界と一つになってしまうのだ、というものがある。だが、実際にはそんなことは起こらない。最初に述べたように、どれほど長く修行して、一定の境地に達したとされる僧侶であっても、身体が溶けて崩れるわけではないし、彼の視界が他者の視界と混ざるわけでもないし、彼の思考と他者の思考に、区別がなくなるわけでもない[16]。ゴータマ・ブッダが「私（aham）」という言葉を使って説法をしたように、現代の高僧にも「私」はあるし、「個体性」だって残存しているのである。

つまり、覚者であれ一般の凡夫衆生であれ、そこで感官からの情報が認知されることによって経験が成立する場としての「個体性」であれば、それぞれが有している[17]。それがここで言う「経験我」だが、ただしそれは、原因・条件によって生成消滅する（縁生の）感官からの情報によって形成されているものであるから、もちろん無常・苦・無我という三相の性質を有しており、時々刻々と変化・流動している。したがって、その中のどこを探しても、固定的・実体的な、常一主宰のアートマンは見出だせない。だからその経験我は、「我ではない（an-attan）」のである。

右にブッダは「私」という言葉を使って説法したし、現代の高僧にも「私」はある、と述べたが、それはこの時々刻々と変化・流動する認知のまとまり（個体性）のことを、仮に指示して「私」と言っているだけのことである。「自己を頼れ」という場合の「自己（attan）」についても、同様。「他者」と呼ばれる認知のまとまりではなくて、いま・ここに展開している、「私」と呼ばれるこの認知の場を、当てにせよと言っているだけのことだ[18]。

ただし、もちろんその「私」と呼ばれる認知の場のどこかに、常住で単一で主宰する権能をもった実体我が存在していると考え、それに執著して苦の原因を作ることがあってはならない。だからゴータマ・ブッダは、その認知の場を形成する諸要素の一つ一つ、例えば五蘊を列挙して、それらが全て「我ではない」ことを指摘した。

先ほど凡夫であれ覚者であれ、「認知のまとまり」としての「個体性」であれば有しているし、だからブッダも「私」という言葉を使って説法する、ということを指摘したが、もちろん凡夫と覚者には違いもあって、それは継起する現象、流動する認知の場のどこかに固定的・実体的な「私」が本当に存在していると思い込み、そしてそこに（無意識的であれ）執著しているかどうかの違いである。その思い込みと執著に束縛されているのが凡夫であり、そこから解脱しているのが覚者であるということだ。

何度も繰り返し述べているように、世界（loka）において認知される諸現象（saṅkhārā）は、内面（主観）的なものであれ外面（客観）的なものであれ、その全てが原因・条件によって形成された（saṅkhata, 有為の）一時的なもの、即ち縁生のものであり、したがって無常である。「無-我（an-attan）」だと言うことでゴータマ・ブッダが否定したのは、そうした無常の現象の世界の中のどこかに、固定的・実体的な我が存在していると思い込み、そしてその虚構の実体我に執著して、苦の原因を作ることであった。

要するに、ゴータマ・ブッダがanattanと言った意味というのは、「この現象の世界の中のどこを探しても、実体我だと言えるものは見つかりませんよね」ということである。では、その現象の世界を超えたところ、即ち出世間（lokuttara）の境界（例えば、如来の死後）に実体我はあるのか？　その点に関しては、既に見たとおりゴータマ・ブッダの態度は「無記」である。ここではまず、そこまでのことを確認しておこう。

無我だからこそ輪廻する

さて、以上のように「無我」の教説の意味を確認したところで、次はそれと輪廻転生との関係について考えてみよう。仏教を論じる際にしばしば取り上げられる、輪廻と「無我」は矛盾するのかどうかという問題である。

結論から言えば、これまで見てきたように「我」や「無我」の性質を適切に整理して把握しておきさえすれば、これがさほどに大きな問題となるとは、私には思われない。業と輪廻の世界観とゴータマ・ブッダの仏教が切っても切り離せないことは、文献的にも実践的にも論理的にも非常にはっきりしたことであるし、そこから普通に考えれば、仏教の基本的な立場は「無我なのに輪廻する」ではなくて、「無我だからこそ輪廻する」というところにこそあることは、直ちにわかるからだ。

逆に言えば、「輪廻と無我は矛盾する。だからゴータマ・ブッダは輪廻を説かなかったはずだ」などと主張する人がまだいるとしたら、それは端的に仏教がわかっていないのである。以下では、このことを解説していく。

まず、「無我」であるところの衆生が輪廻する仕組みについて確認しておこう。この点については、明治生まれの仏教学者で、かつての東京帝国大学教授であった木村泰賢による図式がわかりやすいので、次にそのまま引いておこう。[19]

$A—A'—A''—A'''—A^{n}\ldots a^{n}B—B'—B''—B'''—B^{n}\ldots b^{n}C—C'—C''—C'''—C^{n}\ldots c^{n}D\ldots\ldots d^{n}E\ldots$

ここにA、B、C、D、Eとあるのは、木村の用語で言えば「五蘊所成の模型的生命」、さきほどの私の解説の言葉で言えば、「認知のまとまり」もしくは「経験我」に当たるものである。例えば「太郎」という名前の人がいたとして、それも実際には縁生の五蘊の仮和合《けわごう》であり、したがって誕生時から死没時まで常に変化を続けていて、そこに固定的な実体は存在しないのだが、いちおうその「変化する認知のまとまり」を、仮に「太郎」（右の図式ではAあるいはBなど）と一貫して名付けておくわけだ。

そして、$A—A'—A''—A'''—A^{n}$というのは、もちろんそのAの時系列にしたがった変化を表す。右に述べたように、Aと名指される認知のまとまり（経験我）も、実際には縁生の現象に過ぎないから、それは時々刻々と（仏教用語を使えば刹那ごとに）流動・変化を続けており、それは誕生時から死没時まで続くわけである。

そのように変化し続けるAは、ある時点（A^{n}）で死を迎える。そこで起こるのが転生である（図式の…はそれを示す）。そこでBという新しい五蘊の仮和合を得たとすると、その形は大いにAと相違しているようではあるが、そこにはやはり、a^{n}というAの「経験的積聚[20]」、即ち、Aの積み重ねてきた行為（業）の結果が、潜勢力としてはたらいている。[21] そしてそのBという認知のまとまりが、また刹那ごとの変化を続けていく（$a^{n}B—B'—B''—B'''—B^{n}$）。

以下は同様で、B→C→D→E…と、輪廻転生の過程が続いていくことになるわけだが、この（転生という）飛躍を挟んだ変化の過程を、木村泰賢はまた「蚕の変化」に喩えて次のように述べている。

仏教のいわゆる輪廻はあたかも蚕の変化のごときものであろう。幼蟲より蛹になり、蛹より蛾になるところ、外見的に言えば、全く違ったもののようであるけれども、所詮、同一蟲の変化であって、しかも幼蟲と蛾とを以って、同ともいえず、異ともいえず、ただ変化であるといい得るのみと同般である。[22]

これはたいへんわかりやすい比喩である。例えば相応部の経典に、「彼（本人）が為して彼（本人）が受けるのか、それとも他者が為して他者が受けるのか」と、業とその果報に関するいわゆる「自作と他作」の問題について、あるバラモンが質問をしたものがあるが、[23] ゴータマ・ブッダはそのいずれも極端な意見であるとして斥け、縁起の法則をもって答としている。つまり、業（行為）を作る人と、その結果を受ける人とは、縁起の法則によって実体我は存在しない以上、同じであるとも異なるとも言えない。だから業報は自作だと言うのも他作だと言うのも、極端な意見だということになるわけである。

そのように、蚕の幼虫も、まずは幼虫として成長（変化）し、ある時期が来れば蛹へと変態（飛躍）して、それがまた蛾へと姿を変える。それは「同一蟲」の変化であるとも言えるが、成長と変態を経て全く異なる姿へと変わっている以上、別物になったとも言えるであろう。要するにそれは、「同ともいえず、異ともいえず、ただ変化であるといい得るのみ」である。

輪廻というのもそれと同じことで、原因や条件によって引き起こされつづけている（縁生の）認知のまとまり、継起する作用の連続が、衆生の死後にはその作用の結果を引き継いで、また新しい認知のまとまりを作る。[24]転生というのは、それだけのことである。そこに固定的な実体我が介在する必要は全くない。

というよりも、むしろ話は全く逆で、さきほど見たような「常一主宰」の実体我が輪廻転生の過程を通じて存在し続けているとするならば、それが無常であり苦である無始無終の縁生の現象の連続に巻き込まれているというのは、どうにも説明のつけにくいことになる。そのような実体我の存在は（少なくとも現象の世界の中には）ないと考えておいたほうが、作用とその結果が継起し続ける過程としての輪廻を考えるには、ずっと筋のよい議論になるのだ。[25]縁生の現象の性質として、無常・苦・無我がシノニムとしてセットで語られるのはそれゆえだし、だからこそ「無我なのに輪廻する」のではなくて、「無我だからこそ輪廻する」というのが、仏教の基本的な立場になるのである。[26]

「何」が輪廻するのか

さて、仏教における輪廻（saṃsāra）の性質がそのようなものであるとわかったならば、「無我ならば何が輪廻しているのか」という問いにも、適切な応対ができるのではないだろうか。

現代日本で一般に「輪廻」と言う場合、私たちは主観的には明晰判明に存在している「この心」が、何かしら「魂」のような実体として様々な存在に生まれ変わっていくといった、物語のことを想定しがちである。死ねば眼・耳・鼻・舌・身の五感を伴った身体が消滅するのは経験的に知っているから、輪廻があるとすれば、存続していくのは意識、即ち「この思い」だろうというわけだ。

しかし、同様に考えて「識（viññāṇa）」が輪廻の主体であると主張したサーティ比丘が、ゴータマ・ブッダから激しく叱責されたことからもわかるように[27]、この考え方は、仏教の輪廻の解釈としては正しくない。サーティ比丘に対してゴータマ・ブッダは、私は「縁がなければ識の生起はない」と説いたではないかと言っているが[28]、本書でも繰り返し述べているとおり、現象の世界において認知できるものは全て縁生のものであり、したがって無常・苦・無我である。それは「主観」を構成する識（意識）であっても、例外ではない。

それでは、「何」が輪廻をし続けているのか？　それは仏教の立場からすれば、行為の作用とその結果、即ち業による現象の継起である。つまり、行為による作用が結果を残し、その潜勢力が次の業（行為）を引き起こすというプロセスが、ひたすら相続しているというのが、仏教で言うところの「輪廻」の実態なのであって、第二章でも引いた中部経典の文句に、「衆生とは業を自らのものとし、業の相続者であり、業を母胎とし、業を親族として、業を依りどころとするものである」[29]と言われるのはそれゆえだ。

だから、より厳密に言えば、「何が輪廻しているのか」という問題の立て方は、仏教の文脈からすれば、そもそもカテゴリーエラーの問いであるということになる。存在しているのは業による現象の継起だけなのであり、その過程・プロセスが「輪廻（廻《めぐ》り流れること）」と呼ばれているのであって、そこに「主体」であると言えるような、固定的な実体は含まれていないからだ。

したがって、「輪廻」というと私たちは一般的に、ある「人」が死んで、それが別の存在として生まれ変わるという「転生」の物語ばかりを考えてしまいがちだが、実のところ輪廻というのは、そうした転生の瞬間だけに起きるものではなくて、いま・この瞬間のあなたにも（仏教の立場からすれば）、現象の継起のプロセスとして、生起し続けているものである。転生というのは、そのことのわかりやすい表れに過ぎない。

現象の継起が輪廻である

こうした理解は、経典に基づいた行を修する実践者たちの見解とも符合する。例えば、ミャンマーの著名なテーラワーダ僧侶であり、瞑想指導者であるウ・ジョーティカは、輪廻の性質について次のように言う。

輪廻とは、精神的と物質的のプロセスのことです。それが輪廻と呼ばれるのです。ある人が、一つの生から別の生へと移るという、物語のことではありません……。本当の輪廻とは、本当の廻り続けることということのは、この精神的と物質的のプロセスが、ずっと続いていくことを言うのです。それが輪廻と呼ばれるのです。[30]

文中、「精神的と物質的のプロセス（mental and physical process）」と言われるのは、パーリ語で言う nāma と rūpa、漢訳にいわゆる「名色《みょうしき》」のことである。テーラワーダの教理において、これらはそれぞれ精神的・物質的な、継起し続ける現象のことを意味する。

つまり、輪廻というのは精神的と物質的の現象（名色）が継起し続けるプロセスのことであって、ある「人」が一つの生から別の生へと生まれ変わっていくという物語のことではないというのが、引用文の言うところだ。

この「現象の継起のプロセスが輪廻だ」というウ・ジョーティカの語る理解は、いま・ここで生成消滅する現象を徹底的に観察するというウィパッサナー瞑想を実践する人々にとっては、如実（ありのまま）の「現実認識」そのものである。輪廻というのは、いつかどこかで「自分」が死ぬ時に起こる神秘現象ではなくて、いま・この瞬間に生じ続けている「現実」だ。だから、それを乗り越えるためには、私たちは何よりもいま・ここに起こっている現象を、目を背けずに「如実知見」しなければならない。

ゴータマ・ブッダの仏教の本筋は、このように物事を「ありのままに知る（yathābhūtaṃ pajānāti）」ことによって、苦なる現象の継起（＝輪廻）から解脱するということにあるのであって、そのことと、単なる転生ではない、現象の継起としての輪廻の理解とは、もちろん密接に関わっている。このことは仏教を理解する上でたいへん重要なポイントなので、しっかりと確認しておかねばならない。

文献的にも輪廻は説かれた

さて、「無我」（そして、その根底にある縁起説）と輪廻が矛盾しておらず、むしろ相互補完的な関係にあることは、以上の叙述から明らかになったものと思う。では、これを文献に照らしてみるとどうだろう。経典の記述を素直に読んだ場合、それを「ゴータマ・ブッダは輪廻を説かなかった」と解釈することはできるのだろうか。

結論から言えば、それはたいへん難しい（というか、普通に考えればほぼ不可能）だと私は思う。例えばミャンマーやスリランカといった上座部圏の学僧たちに、「日本にはゴータマ・ブッダは輪廻を説かなかったと主張する人たちがいるのですよ」と言ったら、はじめは驚愕され、さらに説明を続けると失笑される。これは彼らが輪廻を「盲信」しているからではない。経典のテクストに対して誠実に、普通の読解を進めれば、そんな結論は出しようがないからである。

本章の冒頭に、第二章でもふれた『ダンマパダ』の偈を引いてあるが、このような輪廻説を前提としなければ理解しがたい教説は、現代の文献学が「古層」と目する、『ダンマパダ』や『スッタニパータ』[31]から普通に出てくる。そして、それは「後代の成立」とされる、長大な散文経典においても変わらない。

そのように、どのような形態の経典にも輪廻説が出てくるということは、つまり初期経典の成立史をどう見ようと、輪廻説はその全過程を通じて語られ続けているということである。もちろん、輪廻説とゴータマ・ブッダをどうしても切り離したい人々は、そうした部分を全て「後世の付加・増広」というマジック・ワードで片付けてしまうわけなのだが、そのような態度は、テクストに対する解釈者の願望の押し付けではあり得ても、誠実な読解だとは、決して称することができないだろう。

また、第一章でふれた『聖求経』には、ゴータマ・ブッダが涅槃を証得した時の述懐として、「わが解脱は不動であって、これが最後の生であり、もはや再生することはない」[32]という言葉が語られているが、これは相応部の短い散文経典などにも頻出する[33]、修行者が解脱を達成した時の決まり文句である。

つまり、ゴータマ・ブッダの仏教においては、解脱・涅槃も輪廻転生の世界観を前提とした、再生の非存在として語られるということだが、これも筋道立てて考えれば当然のことだ。第二章で確認したような生老病死などの「八苦」は、全て人間が生きているうちに経験することなのだから、輪廻転生が存在せず、この一生で何もかもが終わるのであれば、全ては死が解決するということになってしまうからである。要するに、業と輪廻の世界観を前提としないのであれば、死ねば全てが終わりになる以上、生に伴う必然的な苦から解脱するための最高のソリューションは自殺だということになり、労働と生殖を放棄して、厳しい修行をする必要など全くなくなってしまうということだ。

しかし、実際のゴータマ・ブッダは、もちろん自殺など勧めていない。少なくとも凡夫にとっては輪廻は現実存在する以上、自殺は（その悪業によって）状況をより悪化させるだけで、縁生の現象に翻弄される無常・苦・無我のプロセスは、解脱しない限り死後もずっと変わらずに続いていくことになると、彼は考えていたからである。

即ち、「輪廻はない」と考えて、生の必然的な苦[34]から逃避するために自殺したり、あるいはそこから目を背けつつ、快楽だけを追い求めて一生を浪費したりすることではなくて、現実存在する輪廻を正面から如実知見して、それを渇愛の滅尽によって乗り越えようとすることが、ゴータマ・ブッダおよびそれ以降の仏教徒たちの、基本的な立場であったということだ[35]。

輪廻は仏教思想の癌ではない

右のような諸点を確認した上で木村泰賢は、和辻哲郎の示したような業と輪廻の世界観とゴータマ・ブッダの仏教を切り離そうとする解釈について、「かくのごときは余りに突飛な説で、論外として可なりと思う」と評しているが[36]、これは全くそのとおりだと言うしかないだろう。その種の「ゴータマ・ブッダは輪廻を説かなかったはずだ」といった主張は[37]、本来であれば、この時点で命脈が絶たれているべきものであって、それが現代日本でもまだ生き残っているということ自体が、私にとっては不可思議だ。

おそらく、輪廻説とゴータマ・ブッダをどうしても切り離したい人々にとっては、経典の各所に見られる業と輪廻の世界観を前提としなければ解釈しようのない教説群が、あたかも癌細胞であるように感じられるのであろう。だが、既に見たように経典から知られるゴータマ・ブッダの仏教は、論理的にも文献的にも業と輪廻の世界観と切り離しようがない以上、その癌は仏教の全身に広がってしまっている。

そのように全身に転移した癌を「治療」しようとするならば、「患者」を切り刻んで殺してしまうしかないわけだが、「はずだ」論者はそれをやる。つまり、文献を自分の世界観にとって都合のよい形に切り刻んで、そこから自分にとって都合の悪い主張の含まれていない部分を取り出し、それを「本当の仏教」として提示するわけだ。

だが、現実にはそんなものは、解釈者の手前勝手な願望のために殺された仏教の「肉片」に過ぎないもので、「本当の仏教」でもなんでもない。もちろん、そうした解釈者たちは、輪廻という癌を放置していたら仏教が死んでしまうと考えて、そのような（無意識の?）「善意」から右のような「治療」を施すのであろうが、実際には輪廻思想は仏教の癌ではなくて、その本質を構成する命脈そのものである。仏教を「殺して」いるのは、業と輪廻の世界観ではなくて、彼らの行為のほうであろう。

もとより仏教が究極的には輪廻の超克を目指しているものであり、またゴータマ・ブッダは「現法《げんぽう》涅槃（diṭṭhadhammanibbāna）」、即ち、いま・この生において涅槃に達することを説いてもいる以上、とくに輪廻思想を信じたり実感したりしていなくても、仏教の実践を行い、それを自らの生のために活かすことは可能である。

また、解脱を証得するためにゴータマ・ブッダが説いたのは、いま・ここの身・受・心・法の四念処《しねんじょ》を徹底的に観察し如実知見することであって、そうすることで、五蘊を厭離し離貪して解脱に達するというのが彼の教説の筋道だから、そこで輪廻に余計なこだわりをもつ必要はない、という考え方も間違ってはいない。縁起の理法を体認していない段階で輪廻について思索をすれば、それは例えば『一切漏経』で語られているような[38]「私は過去世に存在したのか」「私は未来世に存在するのか」といった、カテゴリーエラーの疑問にとらわれる結果を導くからだ。

逆に言えば、縁起と無我の理法を如実に知見するに至った人は、輪廻に関するそのような無益な疑問に振り回されることはなくなる。『嗏帝経』で、ゴータマ・ブッダがサーティ比丘を叱責した後、縁起の法則について詳細に語り、その上で、「このように知り、このように見ながら、『私たちは過去世に存在したのか』『私たちは未来世に存在するのか』などと思い煩うことがあるか」と比丘たちに問い、彼らが「それはありません」と答えるのは、それゆえである[39]。

したがって、輪廻思想に馴染みのない一般の現代日本人が仏教を実践する場合、「輪廻なんてとても信じられない」と思うのであれば、それを受け入れなくても、とくに支障はないであろう。また、思想や実践を教える立場の人たちからしてみれば、そこにはあまりふれずに済ませておいたほうが、聞き手や読者に余計な混乱を与えずに済むという判断も、場合によっては正しいと思う。

あるいは、「ゴータマ・ブッダはたしかに輪廻を説いたけれども、自分自身はそれを全く信じない。だが、仏説には他に有益な部分もたくさんあるので、その点については積極的に受け入れる」という立場も、十分にあり得るだろう。実際、そのような立場をとる仏教学者はたくさんいるし、私自身も、とくに個人として輪廻を「信仰」しているわけではない。ただ、「輪廻と無我は矛盾する。だからゴータマ・ブッダは輪廻を説かなかったはずだ」という理解については、経典のテクストの解釈として、明白に誤りであると思うだけのことである。

「無我」と「自由」

さて、「無我」と輪廻の性質については以上のように明らかになったわけだが、最後に、それらと「自由」との関係について考えておこう。

まず最初に確認しておかなければならないのは、「自由」というのは、それを行使する「主体」が存在しなければ、意味をもたない概念だということである。「自らに由る」という字義どおり、何かしらの行為を選択する「自分」が存在していて、だからそれに責任を取ることができるというのが「自由」の意味だから、そのことは当然だ。

ゴータマ・ブッダの時代に、マッカリ・ゴーサーラという自由思想家がいた。仏教用語に言う「六師外道」の一人であり、またアージーヴィカ教の開祖でもある人だが、『沙門果経(Sāmaññaphala-sutta)』によれば、彼は「輪廻浄化(saṃsārasuddhi)」、即ち、投げられた糸玉が、巻かれた糸が全て解けるまで転がるように、衆生は定まった業の果報が尽きるまで輪廻を続け、その浄化の過程が終われば苦の終極に至るという決定論を説いたとされる[40]。つまり、人間の自由な行為などというものは存在せず、したがって修行も精進も不可能だから、全ては業のあらかじめ定めるままに任せるしかない、という世界観だが、仏教も「全ては無我であり縁生だ」とするのであれば、これと区別がつけにくくなる。

ゴータマ・ブッダによれば、業というのは意思（cetanā）のことだが[41]、行為を決定するその意思にしても、縁起と無我の理法の建前からすれば、それ以前の業に規定されたもののはずだから、それは原因や条件によって拘束されたものであり、「自由」な選択ではないことになる。だとすれば、それはマッカリ・ゴーサーラの決定論と何が違うのか。

ここは少々踏み込んだ解釈になるが、私はここで、我（主体）の絶対的・実体的な意味での存在については「無記」であった、ゴータマ・ブッダの態度が効いてくると思う。既に確認したとおり、「この現象の世界（loka）の中のどこを探しても、実体我だと言えるものは見つかりませんよね」というのがゴータマ・ブッダの言う無我（anattan）の意味であったが、その現象の世界を超えたところ（lokuttara）に我が存在するかどうかについては、ゴータマ・ブッダは黙して語ることがなかった。

したがって、人間が自由であるかどうかという問題についても、「そうだ」と言うことは不可能だが、「そうでない」と言い切ることも不可能である。つまり、「自由」という問題についても、他の形而上学的な問題と同様に、仏教者は「無記」の態度を保つしかないわけだ[42]。

マッカリ・ゴーサーラが「決定されている」と言い切った自由と必然の問題については「無記」を堅持し、敢えて悪く言えばそこを曖昧にしたままで、「そんなことより喫緊の課題である苦からの解脱のために精進しなさい」と言って、実践的な自由は実質的に認めてしまうというのが、ゴータマ・ブッダのこの問題に対する態度であった。

こうした態度は、既に見たように、あらゆる形而上学的な問題に共通するゴータマ・ブッダの対処法であるが、世界（loka）を説明することではなくて、世界を超越すること（lokuttara）が仏教の第一目的である以上、これは彼の「世界」観・彼の教説の構造からくる、ほとんど必然的な帰結である。この点については、次章でより明確に語られることになるだろう。

次章への移行

本章では、ゴータマ・ブッダの仏教における「我」と「無我」の性質、およびそれと関わる輪廻と「自由」の問題について解説を行った。この第四章までの叙述で、仏教の基礎概念についいては、本書の議論に必要な範囲での解説を終えたので、次章以降は「仏教思想のゼロポイント」である涅槃とは何かという本書のテーマを、いよいよ直接的に問うことになる。

ゴータマ・ブッダが形而上学的な問いに対しては「無記」の態度を貫いたことを本章では確認し、またそのことは彼の「世界」観と密接な関わりを有していることもさきほど示唆した。では、この「無記」の態度とゴータマ・ブッダの「世界」観の関わりとはいかなるものであるのか。次章では、まずそのことを考えることから、解脱・涅槃とは何かという問いの探求をはじめていこう。

第五章　「世界」の終わり――現法涅槃とそこへの道

友よ、生まれることもなく、老いることもなく、死ぬこともなく、
死没して再生することもないような、そのような世界の終わりが、
そこへと移動することによって、知られたり、見られたり、
到達されたりすることはないと私は言う。

だが友よ、世界の終わりに到達することなしに、
苦を終わらせるということは存在しないとも私は言う。
友よ、実に私は、想と意とを伴っている、
この一尋ほどの身体においてこそ、

世界と、世界の集起と、世界の滅尽と、世界の滅尽へと導く道とを、

告げ知らせるのである。[1]

――ローヒタッサ経

我執が形而上学的な認識に繋がる？

前章で紹介した相応部経典の「無記相応」に、ゴータマ・ブッダとヴァッチャ姓の遊行者との、また別の面白いやりとりが記されている。[2]かの遊行者が、「世界は常住か無常か、有限か無限か」といった、「十無記」の内容に当たる形而上学的な質問をするのだが、ゴータマ・ブッダは例によってそうした問いには答えない。そこで遊行者は、「あなたがそうした質問に答えないのはなぜですか」と尋ねるのだが、するとゴータマ・ブッダは、「外道の遊行者たちは、色を我であるとみなしたり、我に色が属すと思ったり、色に我があると思ったり、あるいは我に色があると思ったりする。五蘊のその他の要素である、受・想・行・識についても同様である。だから彼らは『世界は常住だ』とか『世界は無常だ』等々と答えるのである。だが、如来はそのように五蘊を我であると考えたりはしないから、そうした問いには答えないのだ」と言うのである。

要するに、五蘊を我であると思うことから、「世界は常住だ」とか「世界は有限だ」などといった認識が出てくるということだが、これはちょっと考えると不思議なことである。五蘊を我であると考えることと、「世界（loka，世間）」に関する形而上学的な認識との繋がりが、この問答だけでは明確にならないからだ。

ならば、我執と形而上学的な認識との繋がりとはいかなるものであるのだろうか。以下の叙述では、この問題を考えることを緒《いとぐち》として、「ゴータマ・ブッダの言う解脱・涅槃とは何か」という、本書のテーマへと迫っていく。(3)

「世界」とは何か

この問題を考える上で、まず確認しなければならないのは、ゴータマ・ブッダの言う「世界(loka)」とは何であるかということだろう。これについては、増支部の『ローカーヤティカ経(Lokāyatika-sutta)』で、ゴータマ・ブッダは次のように述べている。

> バラモンたちよ、これらの五種欲が、聖者の律においては世界であると言われる。その五つとは何か？ 眼によって認知される諸々の色（cakkhuviññeyyā rūpā）で、好ましく、求められていて、意に適う、可愛の諸形態で、欲を伴い貪りに染まったもの、そして耳によって認知される諸々の声で（…）、そして鼻によって認知される諸々の香りで（…）、そして舌によって認知される諸々の味で（…）、そして身によって認知される諸々の触覚で、好ましく、求められていて、意に適う、可愛の諸形態で、欲を伴い貪りに染まったもの。バラモンたちよ、実にこれらの五種欲が、聖者の律においては世界であると言われるのである。(4)

即ち、眼・耳・鼻・舌・身の五感によって認知される色・声・香・味・触の対象と、そして、それは貪欲を伴うものだと言うのだから、欲望を起こす意識のはたらきとその対象（意と法）も含めて、[5]（渇愛を滅尽していない）凡夫の六根六境（眼・耳・鼻・舌・身・意と色・声・香・味・触・法）の形成する認知の全体が、ゴータマ・ブッダにとっての「世界」であると考えてよいだろう。[6]

この六根六境については、相応部の『一切経（Sabba-sutta）』で、ゴータマ・ブッダは「一切（sabba, 全て）」とは何かと問いかけた上で、それは「眼と色、耳と声、鼻と香、舌と味、身と触、意と法」であると述べており、つまりはそれら六根六境（による認知）が「全て」であると言っている。そして、この一切を捨てて別の一切を説こうとしても、そこにはただ言葉があるのみで対象がない（avisaya）のだとも説いている。[7]

このような「認知されているものが全てだ」というゴータマ・ブッダの立場は、ある種の「観念論的」な色彩を帯びることになると思うが、[8] それはさておくとして、この「一切」を構成する六根六境が欲望を伴った認知を形成した時、そこに「世界」が成立するのだと、とりあえずは考えることができるだろう。もちろん、覚者でない衆生の六根六境による認知には、常に（無意識的であれ）欲望が伴っているから、一般の衆生の認知には、生まれてから死ぬまで、ずっと「世界」が成立し続けていることになる。

五蘊・十二処・十八界

ところで、六根六境というのは、右に述べたように眼・耳・鼻・舌・身・意の六つの感覚器官または感覚能力（根、indriya）と、色・声・香・味・触・法の六つの対象（境、visaya）のことであるが、これらをまとめて十二処（dvādasa-āyatanāni）と言う。

ゴータマ・ブッダによれば、この十二処によって「一切」は構成されていることになるわけだが、この構成要素の数え方を少し変えて、それを「十八界（aṭṭhārasa-dhātuyo）」と言うこともできる。根と境の接触によって生じる識（認知）、例えば眼と色の接触によって生じる眼識などを含めることで、眼・耳・鼻・舌・身・意の六識が構成要素の中に数え入れられることになり、六根六境と合わせて十八界になるわけである。

あるいは、既に何度も言及している五蘊（pañca-khandhā）にしても同じことで、色・受・想・行・識というのは、人間（衆生）を構成する五つの要素であり、それらはまた衆生の認知の内容そのものでもある以上、これを十二処や十八界とは別の仕方で衆生の認知を分類したものと考えることもできるわけである。実際、後代の教理学ではそのように考えられて、五蘊・十二処・十八界の対応づけが行われる[9]。

要するに、五蘊というのも十二処というのも十八界というのも、衆生の認知の内容を分類したものであるという点では同じであって[10]、異なるのはその分け方だということだ。

例えば、本章の最初に「五蘊を我だと思うことから形而上学的な認識が出てくる」という「無記相応」の経典を紹介したが、その直前の経典[11]でも、ヴァッチャ姓の遊行者と仏弟子モッガラーナとの対話という形で、「十無記」に関する問答が交わされている。その内容は紹介した経典とほぼ同じだが、ただ異なるのは、外道の遊行者が形而上学的な問いに答える原因を、「眼・耳・鼻・舌・身・意の六根を『それは私のものであり、それは私であって、それは私の我である[12]』とみなす」ところに求めているということである。つまり、我執の対象が五蘊ではなくて六根であっても、起こるのは同じことだということだ。

以上のことからわかるのは、五蘊であれ十二処であれ十八界であれ、表現は異なっても、それらは全て衆生の認知を形成する要素を示しており、そして「世界は常住である」などの形而上学的な認識が出てくるのは、そのどれかを「我である」とみなした時だということである。

それではなぜ、認知の構成要素に我執をもつことが、「世界は常住だ」とか「世界は有限だ」などといった認識に繋がるのか。この点について考えるために、次はゴータマ・ブッダの語る「世界の終わり」について見てみることにしよう。

「世界」の終わりが苦の終わり

本章の冒頭に、『ローヒタッサ経（Rohitassa-sutta）』の言葉を引用してある。見られるように、これはゴータマ・ブッダが「世界の終わり（lokassa-anta）」について語ったもので、上座部圏では重要視され、しばしば参照されるものである。

経典は、ローヒタッサという神（deva, 天）がゴータマ・ブッダに近づいて、「生老死もなく、輪廻することもないような世界の終りに、移動（旅行）することによって（gamanena, by going）到達することはできますか」と質問するところからはじまる。

「そんなことはできない」と答えたゴータマ・ブッダに対して、ローヒタッサはその回答を称賛し、自分の前世の思い出話を語る。かつて彼は空中を歩く神通力を有した仙人であり、その進む速度は、東の海から西の海へと、一歩で行くことができるほどであった。そのスピードをもって移動することにより、彼は世界の終わりに到達することを試みたのだが、百年のあいだ進み続けても目的地に達することはなく、途上で死んでしまったのである。

引用部はこのローヒタッサの語りに対する、ゴータマ・ブッダの反応である。たしかに移動することによって世界の終わりに達することは決してできないが、同時に世界の終わりに達することがない限り、苦を終わらせるということもできない。世界の終わりは、空間的な移動によるのではなく、想と意とを伴った、この一尋（両手を広げた長さ）ほどの身体に求められるべきである。

そのように述べた上でゴータマ・ブッダは、世界を知る賢者であって、梵行の完成者である人は、世界の終わりに至り、この世界も他の世界も希求することはない、という旨の偈を説き、この経典は終わっている。

さて、引用文中の「世界と、世界の集起と、世界の滅尽と、世界の滅尽へと導く道」という表現が、四諦のそれとパラレルであることからもわかるように、ここでの「世界」は、苦のシノニムとして語られている。だからこそ、「世界の終わり」は「生まれることもなく、老いることもなく、死ぬこともなく、死没して再生することもないような」ところ、即ち、生老死の苦の存在しない境地だとされるのである。

ただしもちろん、その「境地」は、どこか特定の空間的な場所であるわけではない。既に確認したとおり、「世界」が欲望を伴った衆生の認知によって形成されるものである以上、空間的に移動することによって、「世界の終わり」に到達することは不可能である。前世のローヒタッサの旅行期間が、百年ではなくて千年であったところで、彼は身体を伴い認知を行いながら移動を続けている以上、到達した先がどこであれ、そこでは常に、「世界」が形成され続けることになるからだ。

したがって、「世界の終わり」は、移動することによってではなく、「想と意とを伴っている、この一尋ほどの身体において」実現される必要がある。言い換えれば、「世界」はいま・ここの、この身体において、内在的に超越されなければならない。

このような意味での「世界の終わり」は、「世界」が五種欲であるとされ、また「世界の終わりに至った者（lokantagū）」が「梵行の完成者（vusitabrahmacariyo）」でもあるとされることからもわかるように、苦（≒「世界」）の原因である渇愛の滅尽と、密接に関わっているだろう。実際、『ローカーヤティカ経』では、「非想非非想処[13]を全く越えて、表象と感受の滅尽を成就して住し、智慧によって漏（煩悩）が完全に尽きたことを見た比丘」が、「世界の終わり」に到達した者だとされている[14]。

ならば、煩悩を伴う認知によって形成される「世界」とはいかなる性質のものであり、そしてその「終わり」とは、いかなる状態を指すのだろうか。

執著による苦と「世界」の形成

『ローヒタッサ経』において、「世界」が四諦とパラレルの表現で語られており、したがって、そこで「世界」は苦のシノニムになっていることは右に述べた。そして、「世界」がそうであるように、苦も六根六境への執著を原因として生じていることは、経典の各所で語られている。例えば相応部の『プンナ経（Puṇṇa-sutta）』[15]には、次のような記述がある。

　プンナよ、眼によって認知される諸々の色で、好ましく、求められていて、意に適う、可愛の諸形態で、欲を伴い貪りに染まったものがある。もし比丘が、それを歓喜して迎え入れ、執著していると、そのように歓喜して迎え入れ、執著している彼に喜悦が生じる。そしてプンナよ、この喜悦が集起することから苦が集起するのだと、私は言う。

同様のことが、眼によって認知される色以外の、耳・鼻・舌・身・意によって認知される声・香・味・触・法についても言われており、つまり六根によって認知される六境に、執著して喜悦することが苦の原因であるという趣旨が説かれている。そして次に、苦を滅する方法はその逆であって、六根によって認知される六境を歓喜して迎え入れ、執著するということをやめれば、喜悦も滅するから、そうすれば苦は滅尽するのだとも説かれる。

　このように、六根六境への執著によって苦は生起し、そしてそれと同時に「世界」も生起することになるわけだが、では、それらの滅尽（nirodha）とは、どのような状態を指すのだろうか。

　例えば、相応部の「六処相応（Saḷāyatana-saṃyutta）」、その第六十五経から六十八経にかけては[16]、サミッディという比丘の質問に答える形で、魔（māra）、衆生（satta）、苦（dukkha）、世界（loka）のそれぞれについて、それらは六根・六境・六識と、六識によって認知される諸法

(viññātabbā dhammā) が存在する時に存在するもので、それらがなければ、魔・衆生・苦・世界やその概念(paññatti)は、存在しないと語られている。

あるいは、同じ「六処相応」の第二十四経では、一切であるところの六根・六境・六識、および六根の接触と、そこから生ずる感受は捨断されるべき(pahātabba)であると説かれ[17]、また第百五十四経では、もし比丘が、六根を厭離し離貪し滅尽して、執著することなく解脱しているならば、彼は「現法涅槃に達した比丘」と言われるべきである、と説かれている[18]。

では、その十二処なり十八界なりの、非存在なり捨断なり滅尽なりは、六根六境による認知が全く生起しないこと、つまり、「知ることもなく見ることもない(na jānāti na passati)」状態を意味するのであろうか[19]。だが、ゴータマ・ブッダやその弟子の阿羅漢たちが、悟後も感覚器官を伴った身体を保って生存を続け、他者とのコミュニケーションも行っていたことを考えると、そのような解釈は採用し得ないように思われる。

ならば、六根六境の捨断や滅尽であり、苦と「世界」の終わりである境地、即ち、「現法涅槃(diṭṭhadhammanibbāna, いま・この生において達成された涅槃)」とは、いったいどのような風光であるのか。

戯論寂滅

このことを考える上で参考になるのが、増支部の『マハーコッティタ経(Mahākoṭṭhita-sutta)』である[20]。この経典は、第二章でもふれた仏弟子サーリプッタとマハーコッティタの対話を描いたものであるが、そこで話題になっているのは、六触処（六根六境が触れる場所）の残りない離貪・滅尽だ。

まずマハーコッティタはサーリプッタに、「六触処が残りなく離貪・滅尽した時、何か他のものは存在しますか？」と尋ねるのだが、それは否定される。そこでマハーコッティタは引き続き、「何も他のものは存在しないのですか？」「存在しかつ存在しないのですか？」「存在するのでもなく存在しないのでもないのですか？」と質問していくのだが、それらもことごとくサーリプッタによって否定されてしまう。

見られるとおり、これらは「無記」の問いの形式を踏襲したものだが、そこで意図されているのは、もちろん全ての論理的な可能性の列挙である。しかし、そのように全ての選択肢を挙げたにもかかわらず、ことごとく否定されてしまったマハーコッティタは、そのことをどう理解すべきかと、サーリプッタに質問した。

そこでサーリプッタは、右の四つの質問は、どれを肯定しても「分別の相にないものを、分別の相にもたらすことになる（appapañcam papañceti）」と言い、六触処が機能する限り分別の相は機能するのだし、また分別の相が機能する限り六触処は機能するのだとする。そして、六触処が残りなく離貪・滅尽した時、分別の相は滅尽し、寂滅するのだと述べて、この経典は終わっている。

さて、ここで大切なのは、「分別の相」と訳したpapañca（s. prapañca）という言葉である。この語のオーソドックスな翻訳は「戯論《けろん》」であるが、これは仏教思想史を通じて重要な意義をもち続けた術語であって、様々な意味の広がりを有しており、簡単には訳しにくい。ただ、papañca は原義としては拡大・拡散することであり、そこから分化や多様化といった事態も示す。英語で言えば、expansion, diffuseness, manifoldedness といったニュアンスである。[21]

要するに、本来は分別されていないものを分別して境界づけ、そこに多様性を持ち込んで、拡散・複雑化させるはたらきを papañca と呼ぶものだと、とりあえずは考えておいてよい。

そして、本来は分別されていないものに分別を与えて複雑化するのであるから、それは妄想、幻想（illusion）、迷執（obsession）といった含みも持つことになる。[22] だから papañca というのは、「戯論（戯れの無益な談論）」という訳語にも表れているように、仏教用語としては基本的に悪い意味で使われる。

そこで『マハーコッティタ経』に戻ってみると、問題の部分でサーリプッタが言っているのは、六触処が残りなく離貪・滅尽した時に、何か他のものが「ある」とか「ない」とか言ってしまうと、papañca でないもの（appapañcam）を papañca にもたらしてしまう（papañceti）結果になる、[23] ということである。つまり、「ある」とか「ない」とかいう判断が成立するのは、papañca が機能している時のみなのであって、六触処が滅尽し、papañca も滅尽している時には、そのような判断は成立しないということだ。

この事情と合わせて考えてみると、さきほどの六根六境の捨断や滅尽に関わる疑問にも、筋の通った説明を与えることができるのではないかと思う。ゴータマ・ブッダや、その弟子の阿羅漢たちは、「現法涅槃」に達しており、六根六境を滅尽して「世界」を終わらせていただろうが、だからといって、彼らは「知ることもなく見ることもない」ような、石と変わらない存在になってしまったわけではない。

そうではなくて、六根六境が「滅尽」した時に存在しなくなったのは、認知そのものというよりも、そこにおいて「ある」とか「ない」とかいった判断を成立させる根底にある「分別の相」、即ち、拡散・分化・幻想化の作用である papañca であろう。「世界の終わり」で起こることは、認知の消失なのではなくて、「戯論寂滅（papañcavūpasamo）」であるということだ。

我が「世界」像の焦点になる

このことについて、実践的な観点も入れつつ、もう少し詳しく考えてみよう。かつて私が、ミャンマーの瞑想センターでウィパッサナーの実践を行っていた時に、指導する僧侶からしつこく言われたのは、「一つ一つの現象のありのままを見よ、イメージを作るな」ということであった。

例えば、私たちは日常生活でごく自然に「異性」を認識し、それに執著することがあるけれども、その「異性」というのは実際のところ、感覚入力を素材として捏ね上げられたイメージなのであって、比喩的に言い換えれば「物語」に過ぎないものである。

実際、私たちが認識している「美しい顔」は、よく分析してみれば眼に入っている色の組み合わせに過ぎないし、その「美しい声」は、単に鼓膜を震わせている音波によって形成されているものに過ぎない。つまり、私たちが持つ「美しい異性」という認識は、そのような感覚入力を素材として構成された単なるイメージ、もしくは物語に過ぎないわけだ。だから、ちょっと構成の仕方を変えてみれば、第一章で紹介したように、マーガンディヤの美しい娘を「糞尿に満ちたもの」というイメージで捉えることもできてしまう。

では、なぜ私たちは、そのような「ありのまま（如実）」でないイメージを形成し、物語の「世界」を立ち上げてしまうのか。それは、本章で引用した経典に繰り返し語られていたように、私たちが、五蘊・十二処・十八界といった認知を形成する諸要素に欲望を抱き、それに執著して実体視する（「我」だとみなす）からである。

感覚入力によって生じる認知は、それを「ありのまま」にしておくならば、無常の現象がただ継起しているだけのことで、そこに実体や概念は存在せず、したがって「ある」とか「ない」とかいうカテゴリカルな判断も無効になっていて、だから（それ自体が分別である）六根六境も、その風光においては「滅尽」している。つまり、そこでは「世界」が立ち上がっていない。これは既に言語表現の困難なところだが、敢えて短く言い表せば、「ただ現象のみ」というのが、「如実」の指し示すところなのである。[24]

ただ、私たち衆生はその生来の傾向として、対象を希求する渇愛（taṇhā）を有しており、そこから対象を好んだり嫌ったりする「癖」（貪欲 rāga と瞋恚 dosa）もついてしまっていて、そして何よりそのことに無自覚（愚痴 moha，あるいは無明 avijjā）だ。

だから私たちは、ただ継起しているだけの現象に欲望を抱き、それを好んだり嫌ったりする執著（嫌うこともまた、逆方向の執著の形である）をして、それを起点に物語を作る。欲望なしの認知であればただの「色」であるものが、欲望によって、「美しい顔」のイメージに形成しあげられてしまうわけだ。

そして、そのような欲望によって織り上げられた様々なイメージの中にあって、それらが「世界」という像を結ぶ際の焦点として機能するのは、もちろん「我」という仮象である。五蘊も十二処も十八界も、それらが「私の」認知だと捉えられた時に、はじめて統合の中心を得て、「世界」という物語を形成する要素として機能する。六根六境が生成する個々の認知を、「それは私のものであり、それは私であって、それは私の我である」と捉えることがなかったならば、それらは統合の中心を失って、ただ継起していくだけになり、「世界」という像を結ぶことはない。そこに残るのは、「ただ現象のみ」なのである。

このような、渇愛・煩悩・我執に基づいてイメージを形成し、それによって現象を分別して多様化・複雑化させ、「物語」を形成する作用のことを、さきほど紹介した言葉で papañca と言ってもよいだろう。そして、この papañca の滅尽ないし寂滅が、「世界の終わり」であり、また「現法涅槃」の境地であるということも、さきほど述べたとおりである。

実際、パーリ経典に基づいた実践を行っている上座部圏の瞑想センターで、修行者たちの一つの目標になるのもこの境地である。「一つ一つの現象のありのままを見よ、イメージを作るな」と、私がしつこく言われたのも、この papañca という物語形成の作用を止めて、苦なる「世界」に繋縛され続けることを終了させるための、親切な指導だったわけだ。

なぜ「無記」だったのか

さて、このように考えてくれれば、「我執がなぜ形而上学的な認識に繋がるのか」という本章冒頭の疑問については、既に回答が出たも同然であろう。

ここまでの叙述で確認されてきたように、欲望に基づいて織り上げられた様々なイメージが、我という仮象を焦点として「全体」という像を結んだのが、「世界」という物語である。それは「魔」や「衆生」や「苦」と同様に、papañca が機能している限りにおいては存在するが、その作用が寂滅すれば存在しない。というよりも、より厳密に言えば、papañca が滅尽した境地においては、存在・非存在といった、分別や判断の作用自体が、停止してしまっているのである。

そのように、「世界」というのは実際には仮象の物語に過ぎないものであるのだから、それが欲望する「私」の認知とは独立に、事実として有限であるか無限であるかなどというのは、全く見当違いの問いなのであって、そんなものには答えようがない。『ローヒタッサ経』に語られているように、認知が我執を伴っている限り、「世界」という仮象はどこに移動しようが生成され続けるし、我執がとれて分別の相（papañca, 戯論）が寂滅してしまえば、その仮象も、いま・このこの身体において「終わり」になる。ただ、それだけのことなのである。

だが、このことがわからない人たちは、認知の諸要素に我執を起こし、それを焦点として「世界」というイメージを形成した上で、その像を実体視してしまう。そのような我執による誤った実体視には気づかないまま、如実の風光からすれば仮象である「絶対的全体」としての「世界」について、それを「常住だ」とか「有限だ」とか判定しているのが「外道の遊行者たち」なのであって、だからゴータマ・ブッダは、「彼らは五蘊を我であると考えるから、そのような問いに答えるのだ」と言ったのである。

同じ事情は、ゴータマ・ブッダが「無記」の態度で処した他の問いについても見出せる。例えば如来の死後存在や、我（アートマン）の絶対的・実体的な意味での存在や非存在について問われても、そもそも「ある」とか「ない」とかいうカテゴリカルな判断が、実体ではないpapañcaのレベルで行われているものである以上、列挙された選択肢のどれを選んだところで、適切な回答になることは決してない[25]。

だからゴータマ・ブッダは、そのような如実の風光からすれば問うこと自体が無意味な質問を受けた時は、直接的には答えることなく、代わりに苦の滅尽と涅槃に導く、四諦の教えを説くのである。縁起の理法を知って現象を如実知見し、そうすることで苦と「世界」が滅尽すれば、そのような存在や非存在に関する問いの無意味であることは、自然に知られることになるからだ[26]。

厭離し離貪して解脱する

さて、以上のように我執と形而上学的な認識の関係、そして「世界」の終わりであり苦の終わりである「現法涅槃」の風光については明らかになったわけだが、それでは、その「現法涅槃」に達するために、私たちは何を実践する必要があるのだろうか。

まず、既に何度か言及しているように、私たちが涅槃に達するための基本的な道筋が、厭離から離貪、離貪から解脱、そして解脱から解脱知見へという流れであるのは、経典において繰り返し述べられていることである。

例えば、相応部「蘊相応（Khandha-saṃyutta）」の第五十九経において[27]、ゴータマ・ブッダは五蘊のそれぞれについて例のごとく無常・苦・無我を説いた後で、次のように述べている。

比丘たちよ、私の教えをよく聞いた聖なる弟子は、そのように見て、色において厭離し、受において厭離し、想において厭離し、行において厭離し、識において厭離する。厭離して彼は離貪する。離貪して彼は解脱する。解脱した際には「解脱した」との智が生ずる。そして彼は、「生は尽き、梵行は完成し、為されるべきことは為され、もはやこの迷いの生の状態に至ることはない」と知るのである。

この経典では五蘊を厭離する（nibbindati）ことが説かれているが、これが「六処相応」の経典になると、厭離する対象は六根六境になる[28]。要するに、五蘊であれ十二処であれ、認知を構成する要素の無常・苦・無我を観じ、それを厭離し離貪することが、解脱への道だということである。引用部の「厭離して彼は離貪する。離貪して彼は解脱する」以下の文言は、経典において嫌というほど目にする決まり文句になっているものであるが、これはやはり、ゴータマ・ブッダが実際にも繰り返し語った、彼の教説の核心部分であると考えておくべきだろう。ならば、そのように認知の諸要素から厭離し離貪するために、実践者が具体的にやらなければならないこととは何だろうか。

気づき（sati）の実践

この点については『スッタニパータ』に、「世界（loka）における諸々の煩悩の流れを堰き止めるものは気づき（sati）である。この煩悩の流れの防御を私は説く。その流れは智慧（paññā）によって塞がれるであろう」[29]と説かれていることが参考になる。つまり、自然のままに放っておけば対象への執著へと流れていく煩悩のはたらきを、まず止めるものは気づきであり、そしてその流れを塞ぐ、即ち根絶するのが、智慧であるということだ。

この「気づき」というのは、現状に気づいており、自覚的であること（awareness, mindfulness）だと、基本的にはそのようにシンプルに考えておいて構わない。例えば、相応部「六処相応」の第七十経においてゴータマ・ブッダは、ウパヴァーナという比丘から、理法（dhamma）はどういった点から、「現に証せられるものであり、時間の制約を離れたものであり、『来て見よ』と示されるものであり、涅槃へと導くものであり、智者によって各自に知られるべきものである」と言われるのか[30]、と質問されている。これに対する彼の回答は、六根によって六境を感受した際、六境に対する貪欲があれば「私の内に（六境に対する）貪欲がある」と知り、それがなければ、「私の内に（六境に対する）貪欲がない」と知る、そのように理法は「現に証せられるもの」等の性質をもっているのだ、というものであった[31]。

つまり、認知が起きた時に、修行者の内面に対象への貪欲があれば「ある」と気づき、なければ「ない」と自覚する。そのようにゴータマ・ブッダの理法は明白で時を選ばず実践できるものであり、それが涅槃へと導くのだということである。これは実に端的な教えでわかりやすい。

そして、この気づきの実践について、さらに具体的かつ体系的に詳細を示しているのが、長部の『大念処経（Mahāsatipaṭṭhāna-sutta）』および中部の『念処経（Satipaṭṭhāna-sutta）』である。[32]この両経のうち、『大念処経』の前半が『念処経』と同内容になっており、そこでは四念処（cattāro satipaṭṭhānā）と呼ばれる、身・受・心・法のそれぞれの対象において、それらを「観察し、熱心に、正しく知って、気づきを有し、世界における貪りや憂いを除去して住する」ことが説かれている。

その内容について、ここで詳しく検討する余裕はないが、それは例えば身体であれば、歩いている時には「歩いている」と、そして立っている時には「立っている」などと知って、その身体において生成し消滅する現象を観察するといった、非常に実践のしやすい教えが多い。

また、両経の冒頭には、この四念処（における気づきの実践）こそが涅槃を実現するための「唯一の道（ekāyano maggo）」であるとも言われており、ゆえに上座部圏においてこの教えは非常に重要視され、多くの寺院や瞑想センターにおいて、現在でも盛んに実践されている。

この気づき（sati）の実践について、それがマインドフルネスと英訳されて、大乗も含めた世界中の仏教者にいま注目されていることは第二章で述べた。そしてまた、それは「衆生が癖によって盲目的に行為し続けている状態（漏、煩悩）」を差し止めるために行う実践であるということも、同じ箇所で述べておいた。

即ち、歩いている時には「歩いている」、立っている時には「立っている」などと、いかなる時でも自分の行為に意識を行き渡らせて（mindfulness）、そこに貪欲があれば「ある」と気づき、なければ「ない」と気づいている。そのような意識のあり方を日常化することで、慣れ親しんだ盲目的で習慣的な行為（＝煩悩の流れ）を「堰き止める」ことが、気づき（sati）の実践になるわけである。(33)

現法涅槃

このような気づきの実践を行って、内外の認知において生成し消滅する現象を観察し続けることで、修行者は無常・苦・無我の三相を洞察し、ゆえにそうした苦なる現象を厭離し（厭い離れて）、離貪して（貪りを離れて）、執著するということがなくなる。(34)

相応部の『ヴェーサーリー経（Vesālī-sutta）』において、「現法に涅槃に入れない者の原因や条件は何であり、また現法に涅槃に入れる者の原因や条件は何であるのか」と問われたゴータマ・ブッダは、「六根によって認知される六境を歓喜して迎え入れ、執著する比丘は涅槃に入れず、それをしない比丘は涅槃に入れる。これが現法に涅槃に入れない者／入れる者の原因や条件である」と答えているが、(35)気づきの実践によって執著を防止している修行者は、まさにこの現法涅槃の条件を満たしていると言えるだろう。

右に述べたように、マインドフルネスが日常化し、自分の行為に常に意識を行き渡らせている修行者は、縁生の現象の無常・苦・無我の性質をありのままに見て（如実知見して）、それを実体視することがない。そして、仮に内面に貪欲が起こったとしても、それもまた一つの現象として、ただ「ある」と気づくだけで、それを執著に発展させることがないのである。

そのように対象への執著を防止し、また無我の理法を洞察して我執も起こさない修行者は、それらを原因として現れる分別の相（papañca）、即ち、「物語の世界」を立ち上げることがなく、ゆえにそれに振り回されることもない。つまり、無常・苦・無我の現象を誤って実体視し、物語を形成して、そこで終わりのない不満足（苦）のサイクルに絡め取られることがなくなるわけだ。

このことを完全かつ決定的に、つまり、煩悩に引きずられて、「物語の世界」を再び実体視してしまうことのないような仕方で実現できれば、それこそが、いま・この生において達成された苦の滅尽であり「最高の楽」でもある境地、即ち、現法涅槃であると言えるだろう。

実際、上座部圏の瞑想センターで、気づきの実践・ウィパッサナー[36]を修する人々が目指しているのも、この境地である。ただ、それを本当の意味で実現するには、さきに引用した『スッタニパータ』の偈にあるように、煩悩の流れを単に「堰き止める」だけではなくて、それを智慧によって「塞ぐ」こと、即ち、渇愛・煩悩を残りなく滅尽することが、必要とされるのではあるけれども。

次章への移行

本章では、ゴータマ・ブッダの言う「世界」の性質について考えることから、その「終わり」の一つの意味、即ち、「現法涅槃」の風光と、そしてそこへ至る実践について明らかにした。

だが、涅槃について考えるべきことはまだ残っている。右に述べたように、「気づき」は煩悩の流れを堰き止めはするが、それを塞いでくれるわけではない以上、渇愛を根絶して修行者に解脱知見を与える「智慧」の性質まで検討しなければ、涅槃の考察としては十分とは言えないからだ。

次章では、このテーマについて論ずることを通じて、「仏教思想のゼロポイント」である涅槃の性質について、考察してみることにする。

第六章　仏教思想のゼロポイント――解脱・涅槃とは何か

諸行は実に無常であり
生成消滅する性質のものである
生じては滅していく
その寂滅が楽である(1)

――無常偈

涅槃とは決定的なもの

現代日本には、「私は悟りました」とか「解脱しました」とか宣言する人は、僧俗を問わずあまりいない。僧侶も瞑想実践者もたくさんいるのに、経典では次々と出ている解脱者が、現代日本ではほとんど見られないというのは、改めて考えてみると、どうも不思議なことのようでもある。

もちろん、その理由の推測であれば簡単につく。第三章でも述べたとおり、日本では「悟り」と言えば円満な人格完成者としての仏の悟りのイメージが強いから、うかつに「悟りました」などと言ってしまったら、その人は以後の全ての行為において、道徳的にも社会的にも完璧であることを求められることになり、面倒なことこの上ない。

何より、「私は悟った」などと宣言するのは、どうにも謙譲の美徳を欠いているように感じられるし、実際、珍しく「最終解脱者」を名乗る人間が現れたと思ったら、それがテロリストだったりする。要するに、「私などまだまだ道半ばです」と言っておくほうが、あらゆる面で「よい」のだということである。

このこと自体は、現代社会の置かれている文脈上、仕方のないことでもあろうから、その善悪を批評するつもりは私にない。[2] ただ、ここで確認しておきたいのは、少なくとも仏教の開祖であるゴータマ・ブッダの解脱・涅槃に対する態度というのは、そのような曖昧なものでは決してなかった、ということである。

前章で確認したとおり、厭離と離貪を経て解脱に至った者には、必ず「解脱した」との智が生ずる、というのは、経典において何度も繰り返されている仏説の基本である。そして、このいわゆる「解脱知見」を得た修行者は、「わが解脱は不動である」とか、「もはや再生することはない」とか、「梵行は完成した」とか、「為されるべきことは為された」とか、そのような自覚を明白にもつ。つまり、涅槃を証得した者の実存のあり方は、その時点で決定的に転換するということであり、それは以後も変わることのない、行道の完成でもあるということだ。

このように解脱・涅槃が本来は曖昧なものでは全くなく、決定的で明白な実存の転換であったということは、現代日本人の好みには合わないせいか、いちおう言及はされても、正面から問題化されて検討されることはあまりない。だが、これは経典において何度も繰り返し明示されていることである以上、少なくともゴータマ・ブッダの仏教について考える上では外すことのできない、その教説の基本的な特徴であると考えるべきだろう。

では、ゴータマ・ブッダとその弟子たちに、そのように決定的で明白な実存の転換をもたらした解脱・涅槃、その瞬間に起こった経験(3)の性質とは、いったいいかなるものであったのか。この問いに、言語の権利と能力の及ぶ限りで回答を与えようとすることが、本章の課題である。

至道は無難ではない

六世紀の中国に、僧璨《そうさん》という禅僧がいた。禅宗第三祖と言われる人だが、彼の著作である『信心銘』の冒頭に、「至道は無難、唯《た》だ揀擇《けんじゃく》を嫌う、但《た》だ憎愛なくんば、洞然として明白なり(4)」という、有名な言葉がある。「最高の道なんて難しいものじゃない。ただよくないのは選り好みだ。あれが好い、これが嫌だというのをやめさえすれば、実にはっきりしたものさ」というわけだが、これはゴータマ・ブッダの現法涅槃を描写した表現としても、そのまま通用し得るものだろう。

前章で述べたように、私たち衆生にはその生来の傾向として、対象を好んだり嫌ったりして、それに執著する煩悩、即ち、貪欲と瞋恚が備わっている。こうした煩悩の作用に無自覚であり続けることによって、私たちは「物語の世界」を形成し、それに振り回されて苦を経験するわけだから、この瞋恚と貪欲、即ち「憎愛」のはたらきを止めさえすれば、そこは直ちに現法涅槃の境地になるわけである。

だが、そのように口で言うのは簡単だけれども、これを現実に実行するのは、僧璨が言うほど「無難」なこととはとても言えない。『念処経』によれば、気づきの実践こそが涅槃に至る「唯一の道」であるわけだが、それは間違いではないにせよ、実際に目標に到達するのはなかなか困難であることは、自ら実践を行った経験のある人であれば、みな知っていることである。

あるいは経験のない人でも、その困難を想像することは容易である。例えば前章の議論において、「美しい異性」という認識は、実際には感覚入力を素材として捏ね上げられたイメージに過ぎない、ということを述べたが、かりにその論に納得した人がいたとして、「よし、では自分は今後、そのようなイメージを形成することをやめよう」と決心したと仮定する。それでその人が部屋を出て、美人に遭遇した時に、彼はそれを「美人」だと認識しないかどうか。そんなことはない。美人はやはり美人だし、異性はやはり異性である。

同じように、旨そうな料理を見れば食欲が湧くし、毒蛇を見れば怖くて逃げたくなる。そしてまた、机はやはり机だし、コップはやはりコップのままだ。つまり、いくら「そうしよう」と決めたところで、直ちに「ただ現象のみ」の認知への転換が起こったりはしないということである。

このこと自体は当然のことで、実際には私たちが「事実」と称している認識であり、その中で「ある」とか「ない」とか判断を行っている枠組みそのものが、仏教の立場からすれば、既にして分別の相（papañca）の所産なのである。そして、分別の相である「物語の世界」は、そもそもその形成の時点で、対象への貪欲と瞋恚を巻き込んで成立している。つまり、凡夫にとって「事実」であり「現実」である「世界」というのは、最初から欲望によって織り上げられているということだ。

そのような「世界」を終わらせるためには、単に内面に現象してくる個々の煩悩に気づいていて、それを「堰き止める」だけではとても足りない。「世界の終わり」に到達するためには、その成立の根源にある「煩悩の流れ」そのものを「塞ぐ」こと、即ち、それを根絶することが必要とされるわけである。

第二章で確認した四諦説、その滅諦についてゴータマ・ブッダは、「その渇愛を残りなく離れ滅尽し、捨て去り、放棄し、執著のないことである」と述べて、渇愛を徹底的に滅尽することを強調していた。これは、対象への根源的な希求の作用である渇愛を完全かつ決定的に滅尽しない限り、それによって成立している「世界」と苦の終わりには、到達することができないからである。

逆に言えば、ゴータマ・ブッダとその下で「解脱知見」を得た弟子たちは、この渇愛の「完全かつ決定的な滅尽」を達成し、だからこそ「為されるべきことは為された」と自覚したのだということになる。そして、それは事態の性質上、ある時点で明白に経験される実存（のあり方）の転換であり、その自覚でなければならない。

実際、気づきの実践を行って、内面に生じる煩悩を自覚し、現象を観察し続けていても、たしかに執著は薄くはなるが、根絶されるということはない。仏教の前提にしたがえば、煩悩は過去無量の業の結果として生起しているものである以上、たかだか百年程度の一生のあいだ、それを「堰き止め」続けたところで、「煩悩の流れ」が尽きてしまうことはないからである。いつまでも「道半ばです」と言い続けるのではなくて、「為されるべきことは為された」と言い切るためには、流れを根絶させるための決定的な別の経験が、必要とされるということだ。

智慧は思考の結果ではない

それでは、そのような「為されるべきことは為された」という、決定的な実存の転換の自覚は、いったいどのような経験によってもたらされるのか。

前章で引いた『スッタニパータ』の偈[5]にしたがえば、それは「智慧」だということになる。ただ、注意しなければならないのは、「智慧」という字面に引きずられて、それを概念的思考や日常意識の延長線上にあるものだと思ってはならない、ということだ。

ゴータマ・ブッダのいわゆる「悟り」が、「思考（考えること）」によってもたらされたものだ、という解釈は、現代日本でも根強く生き残っている。『聖求経』などの記述によれば[6]、ゴータマ・ブッダは出家の後に、まずアーラーラ・カーラーマとウッダカ・ラーマプッタという二人の師の下で、「無所有処（ākiñcaññāyatana）」と「非想非非想処（nevasaññānāsaññāyatana）」に達する禅定を修めたが、その境地には満足せずに苦行を実践し、そしてその苦行の無意味を知るとそれも放棄して、最終的には菩提樹下に座して正覚を成就したとされている。そこで最後にゴータマ・ブッダが行ったことは、必ずしも明確ではないのだが、禅定でも苦行でもないのなら、きっと思考だったに違いないというわけだ。

　だが、少なくとも経典の記述による限りは、そのように解釈することは難しいと私は思う。まず、ゴータマ・ブッダの「悟り」の内容は「三明《さんみょう》（tevijjā）」であると言われているが[7]、それは「宿住随念智（pubbenivāsānussati-ñāṇa）」と「衆生死生智（sattānaṃ cutūpapāta-ñāṇa）」と「漏尽智（āsavakkhaya-ñāṇa）」の三つである。このうち、漏尽智は第二章でも言及したように、漏（煩悩）を滅尽させて解脱を完成させる智（明）のことだが、残りの二つは、自分の数多の過去生を思い出し（宿住随念智）、衆生の死と再生をありのままに知る（衆生死生智）という、輪廻転生に関わる智だ。

　このような認知は、当然のことながら日常意識において生じることはないし、実際、経典の記述によれば、ゴータマ・ブッダは三明が生じる前に、まず初禅から第四禅までの、いわゆる色界禅定に入っている[8]。要するに、禅定は「悟り」の内容そのものではないかもしれないが、その強烈な集中力がもたらすある種の変性意識は、確実に「悟り」の前提になっているということである。

　例えば、相応部の『三昧経（Samādhi-sutta）』[9]においてゴータマ・ブッダは、「比丘たちよ、三昧（samādhi，定）を修習せよ。入定した比丘は、如実に知見するのである」と教え、そして「如実に知見する」対象は五蘊の集起と滅没であると述べている。つまり、五蘊の生成と消滅を如実知見して、現象の無常・苦・無我を悟るというゴータマ・ブッダの仏教の基本線も、定《じょう》（サマーディ）の集中力に裏付けられているということだ。

このこと自体は、戒・定・慧《え》（戒律と禅定と智慧）の三学という宗派を問わない仏教の基本教理からしても当然のことであるし、また実際面から考えても、定の集中力がもたらす認知の変容なくして、現象の無常・苦・無我を如実知見するということは想定しにくい。

既に述べたように、欲望によって織り上げられた「物語の世界」は凡夫にとって「現実」であり「事実」そのものだから、「実際にはそうでないはずだ」といくら自分に言い聞かせても、それで本当に認知が変わるわけではない。「恐怖は無意味だ」と「理性的に考える」ことによって、暴力を前にした時の身体の硬直を止めることはできないのと同じである。

そのような「物語の世界」を打ち破るためには、既に「事実」や「現実」として成立してしまっているものを、ある種「強引に」乗り越える意識の変化が必要なのであって、それをもたらすのが定の強烈な集中力なのであり、だから禅定は智慧の前提なのである。

さらに言えば、禅定というのは特定の対象に意識を集中（サマーディ）する実践であり、したがって、様々な概念を組み合わせることで進行する思考の作用は、注意力の散乱をもたらすがゆえに排除される。そして、その集中力によってもたらされる如実知見の認知においては、概念操作が成立する前提であるところの、分別の相が寂滅してしまっているのだから、そこで思考が成立する道理はないのだ。第一章で紹介した成道後の述懐において、ゴータマ・ブッダは自分の証得した法のことを、「推論の領域を超えた（atakkāvacara）」ものだと形容しているが、これはそれゆえである。(10)

そんなわけで、如実知見は概念的思考や日常意識を、禅定の集中力によって超えたところに認知されるものだから、そこで生ずる智慧というのが、思考の結果だということはあり得ない。このことは、まず確認しておく必要がある。

直覚知

さて、ゴータマ・ブッダの仏教における「悟り」が、推論や思考の進行の結果として徐々に到達される概念的分別知ではなくて、瞬時に起こる決定的な実存のあり方の転換、即ち、いわゆる「直覚知」であるということには、また別の傍証もある。それは、仏弟子たちの伝にしばしば見られる、瞬間的な解脱の達成（頓悟《とんご》）の報告である。

これについては様々な例が存在しているのだが、いまはとりあえず男女一人ずつのそれを挙げておこう。まずは、仏の侍者として有名なアーナンダである。

アーナンダはゴータマ・ブッダに二十五年間も仕え、その教法を最も近くで聴き続けて、「多聞第一」と称された人である。有名な仏弟子で経典への登場回数も非常に多いが、同時に彼は、そのように大量の説法を聴いて記憶していたにもかかわらず、ゴータマ・ブッダの生きているあいだには、阿羅漢になることのできなかった人でもあった(11)。

このことは仏教徒のあいだでは有名な伝であったらしく、だから後の大乗経典に至っても、経の冒頭の説処と大衆の描写において、ゴータマ・ブッダを囲む他の比丘たちは煩悩を滅尽して修行を完成した阿羅漢なのに、「ただひとりアーナンダ長老だけは例外であった(12)」などと、しばしば書かれてしまっている。

では、そのアーナンダが阿羅漢として修行を完成したのはいつであったかというと、それはゴータマ・ブッダの死後、第一結集《けつじゅう》が[13]開催される直前のことであった。

律蔵「小品」の記述によれば、[14]マハー・カッサパの主唱で開催されることになった結集の前夜、そこに有学《うがく》(sekkha)[15]の身で参加することはふさわしくないと考えたアーナンダは、一夜を身体への気づきの実践を行って過ごした。

しかし、それでも解脱には至らず、早暁、「横になろう」と身体を傾けたその瞬間、「頭が枕に達せず、足が地を離れない」あいだに、アーナンダの心は煩悩を離れて解脱したのである。

このように高度な緊張と絶望を経て、それが緩んだ瞬間に決定的な経験をするというのは、例えば禅の実践などを行ったことのある人には、おなじみのことであると思う。禅とゴータマ・ブッダの仏教は、文献から受ける印象ほどにはかけ離れたものではない、というのが私の認識だが、これは右のアーナンダの例に見られるような、ゴータマ・ブッダの仏教における「悟り」とそれに導く実践との捉え方が、禅とあんがい似通っていることからもそう思うのである。

もう一つ、次は女性の例を挙げよう。『テーリーガーター』に見える、シーハーという比丘尼の話である。[16]

シーハー比丘尼は出家したものの、欲情に悩まされて心の平静を得ることができず、七年間もさまよっていた。そうして昼となく夜となく苦しみ続けたが、それでも涅槃に至ることができないので、これ以上生きていても仕方がないと感じた彼女は、縄を手にして林に入り、首を吊って死のうとした。ところが、その覚悟をもって縄を首に投げかけた瞬間に、彼女の心は解脱したのである。

この話は、アーナンダのそれ以上に、禅を強く想起させるものがあるが、それはともかくとして、これらはいずれも、ゴータマ・ブッダの仏教における「悟り」や解脱が、瞬間的にもたらされる実存の転換であり、「直覚知」であることを、明確に示している例である。

言うまでもないことであるが、首吊りの瞬間や修行に疲れて横たわる瞬間に、彼らは教理について考えたり、それを自分に言い聞かせたりして、それで「悟った」わけではない。そんなことであれば、アーナンダもシーハーも、それまでの年月のあいだに、さんざんやり続けていたはずである。

何度も繰り返し述べているように、煩悩・渇愛の作用は未悟の者にとって「現実」であり「事実」そのものだから、それはいくら教理を知って自分に言い聞かせたところで、消滅するものではない。「煩悩に纏い付かれ、綺麗なもののイメージが頭から離れず、貪りの心に支配されていて、心の平静を得ることができなかった[17]」とシーハーは述懐しているが、そのように「理性」や「意志」によってコントロールしたり根絶したりすることのできないものだから、煩悩の流れというのは厄介なのだ。

逆に言えば、解脱の瞬間にシーハーやアーナンダに起こったことは、「理性」や「意志」の操作範囲外の出来事だったということである。だからこそ、心に「現実に」付随していて、何をやってもそこから離れることのなかった煩悩から、気がついたら心が解脱しているという、「不可思議」(これも元来は漢訳仏典の用語である)なことが起こるわけだ。長年「理性」も「意志」も動員して、必死に手に入れようとしてきたものが、その努力を手放した瞬間に得られてしまうという二人の例は、この事情を象徴的に表現するものだと思う[18]。

不生が涅槃である

では、そのような煩悩・渇愛の最終的な滅尽であり、また、それによる実存のあり方の決定的な転換でもある解脱・涅槃の経験とは、いったいいかなるものであるのか。テーラワーダ仏教では、それを不生不滅である涅槃(nibbāna)という対象を、心が認識する経験であると捉えている。

本章の冒頭に引いてある無常偈(もしくは雪山偈)は、パーリ経典では『大パリニッバーナ経』などに見えるもので、「諸行無常/是生滅法/生滅滅已/寂滅為楽」という漢訳で、日本人にもおなじみのものである。

偈の前半の、「諸行は実に無常であり、生成消滅する性質のものである」というのは、本書でもずっと確認してきた仏教の基本教理だが、後半の「生じては滅していく、その寂滅が楽である」というところでは、現象(諸行)の本性であるところのその生成消滅が「寂滅(vūpasama, 静止)」した境地が語られている。生成消滅がないということは、即ち不生不滅だということであり、テーラワーダではその風光のことを、涅槃だと言っているわけだ。

例えば、小部の『無礙解道(Paṭisambhidāmagga)』では、「生起(uppāda)が諸行であり、不生(anuppāda)が涅槃である」と言われ[19]、また「五蘊の滅尽は常(nicca)である涅槃である」とか

「五蘊の滅尽は楽（sukha）である涅槃である」とも言われる。[20]つまり、生成消滅する無常の現象において苦を経験しているのが凡夫の現状であるわけだから、そこから解脱した涅槃の風光は、不生であり常であり楽であるというわけだ。

　実際、ミャンマーの瞑想センターでは、「ゴータマ・ブッダは全てが無常であると言いましたが……」という質問に対して、「彼は全てが無常だと言ったわけではありませんよ」と注意される、といったやりとりがされることがある。[21]縁生の現象である諸行は無常だけれども、それを超えた涅槃は無常ではないということだ。涅槃は縁生のものではないので、だから原因や条件によって形成されたものではないという意味で「無為（asaṅkhata）」と言われ、したがって無常ではなく「常」なのである。

　ただし、テーラワーダは厳格な無我説をとるので、常であり楽であるとは言うけれども、「涅槃は我である」とは決して言わない。また「常」というのも「楽」というのも、私たちが（現象の「世界」の枠組みの中で）普通に思い浮かべるようなそれとは性質が異なるというのは、しばしば説法などで注意されることである。

　そしてまた、テーラワーダの教理では、この常であり楽である涅槃を認識する智慧によって、煩悩の正断捨断《しょうだんしゃだん》（samucchedappahāna）、つまり根絶が達成されるものとしている。戒・定・慧の三学の階梯にしたがって、まず戒（sīla）によって身と口の行為に表れる違犯（vītikkama, transgression）を対治して、煩悩の彼分捨断《ひぶんしゃだん》（tadaṅgappahāna）、即ち、個別的な煩悩の一時的な排除を行い、次に定（samādhi）によって意に纏い付いている煩悩（pariyuṭṭhāna、obsession）を対治して、煩悩の鎮伏捨断《ちんぷくしゃだん》（vikkhambhanappahāna）、即ち、意識に表れる煩悩の抑制を行う。そして最後に、慧（paññā）によって煩悩の潜勢力（anusaya, latent tendency）も対治して、正断捨断、即ち、煩悩の「根切り」を行うのだというわけである。[22]

このように常であり楽であって、煩悩を根絶する（つまり、煩悩の流れを「塞ぐ」）力をもつ涅槃の経験は、気づきの実践を行って現象の無常・苦・無我を観察し続けることによって生じるとされ、テーラワーダの教理では、その過程で生じる様々な観智（vipassanā-ñāṇa）についても、詳細に語られている。[23]

無常であり有為（saṅkhata）である縁生の現象を観察し続けることで、無為の涅槃の経験が可能であるというのは、ある種の「飛躍」であり、合理的な説明のつけにくい、敢えて言えば「神秘」であるが、とにかくそれは事実として起こることであり、それによって渇愛の完全な滅尽であるところの解脱は達成されると、テーラワーダでは考えるわけである。理法（dhamma）が「現に証せられるもの（sandiṭṭhika）」であり、「来て見よと示されるもの（ehipassika）」であるということには、そういう意味もあるのだと彼らは言う。

世間と涅槃は違うもの

こうしたテーラワーダにおける、常であり楽であり、無為であり不生であるものとしての涅槃の把握は、現代日本では「涅槃の実体視」という決まり文句でさしたる根拠もなく否定され、例えば『中論』の引用一つで[24]、葬り去られるのが常である。その背景には、このような「神秘的要素」は否定しておいたほうが、近代の知的枠組みに合わせて、「仏教は科学的で合理的だ」と主張するには都合がいいという事情も、おそらくは存在しているだろう。

だが、私自身は、これをゴータマ・ブッダの仏教の特徴をよく受け継いだ、非常に筋の通った涅槃の解釈の一つであると考える。その理由はいくつかあるので、以下に述べていこう。

まず一つは、『中論』のように涅槃と世間（loka）の区別を無効化する解釈[25]は、成仏という目標を無限遠に先送りした上で、「物語の世界」における利他の実践を重視しようとする大乗仏教の枠組みにとっては都合のよいものだろうが、いま・この生において（現法に）渇愛の完全な滅尽であるところの解脱が決定的に達成されると断言したゴータマ・ブッダの教説とは、そぐわないところがあることである。

既に述べたように、煩悩・渇愛というのは過去無量の因縁の結果として、いま・この瞬間も生起し続けて、私たちにとっては「現実」そのものであるところの、「世界（loka）」を形成しているものである。そのように実質的には無限に生起し続ける煩悩・渇愛を、いま・ここで決定的に滅尽するためには、縁生の現象とは秩序の全く異なった、出世間（lokuttara）であり無為であるところの、涅槃の覚知（無漏の智慧）によるしかないというのは、それなりに筋の通った考え方である。

涅槃を世間（現象）とは別に考えず、「いま・ここがそのまま涅槃である」と捉える解釈は、日本人には人気があるし、たしかにそれはそれで、全く間違った考え方であるとは言えない。渇愛を滅尽して「世界」を終わらせた人の目から見れば、縁生の現象の継起も全く違った景色に映るだろうし、現法涅槃を達成した人の風光がそのようなものであるだろうことも、前章で述べたとおりだからである。

しかし、それはあくまで私たちに「事実」として生起している渇愛を「現実に」滅尽させて、そのことを自覚した（解脱知見を得た）人にとっての話である。「世界」形成の原因である渇愛が消滅すると、認知が実際に変わるから、そこではじめて、「為されるべきことは為された」と、人は宣言することができる。それは「比喩」であったり、「いま・ここが涅槃に違いない」と「思い込む」ことであったり、あるいは教法の知識によって「考え方を変える」といったレベルの話ではなく、「現実」や「事実」の認知そのものを根本的に変革する、「決定的で明白な実存の転換」にほかならない。

そして、そのような意味での「世界の終わり」を目指す行為、即ち、これまでの実存形式の延長線上にはない場所に、決定的に到達しようとする試みが、縁生の現象によって、同じ縁生の現象を対治し続けた先に、完結することは考えにくい。ローヒタッサが何万キロ移動しても、そこには常に「世界」が形成され続けたように、個々の煩悩を何万回対治しても、相手は実質的に無限のリソースを有している以上、煩悩の流れはその勢いを弱めることはあっても、根絶されるということはないわけである。その流れを最終的に「塞ぐ」ためには、縁生の現象とは全く異なった、何か別のものが必要なのだ。

アーナンダやシーハーの解脱の報告からも推察されるように、このような「世界の終わり」への旅、即ち、渇愛を滅尽する試みの最終的な決着が、無漏の智慧であるところの、無為の涅槃の覚知によって、ある特定の時点で明確にもたらされると考えることには、一定の合理性があると思う。自身のあり方が以前とは全く変わったと自覚するためには、それまで全く知らなかったものを知るしかないし、それは現象の枠内で「客観的に」見るならば、ある特定の時点で修行者に起こる出来事だからだ。

したがって、有為の世間（loka）と無為の出世間（lokuttara）とのあいだに明確な断絶を認めることには、渇愛を「現実に」滅尽することを目標とする実践者の観点からすれば、十分な理由がある。ゆえに少なくとも、達成可能であり、かつそうすべき目的としての解脱を究極に据える教理の体系において、世間と涅槃の区別が明示されることは、全く自然であると私は考える。

寂滅為楽

もう一つの理由は、不生であり無為である涅槃についての、ゴータマ・ブッダ自身による言及も、経蔵の中に見られることである。涅槃について語る『ウダーナ（自説経）』の有名な箇所で、彼は以下のように述べている。

　比丘たちよ、生ぜず、成らず、形成されず、条件付けられていないものが存在する。比丘たちよ、この、生ぜず、成らず、形成されず、条件付けられていないものが存在しなかったならば、この世において、生じ、成り、形成され、条件付けられたものを出離することが知られることはないであろう。比丘たちよ、生ぜず、成らず、形成されず、条件付けられていないものが存在するからこそ、生じ、成り、形成され、条件付けられたものを出離することが知られるのである。[26]

テクストの少し前の部分では、同じく涅槃について、地水火風の要素もなく、この世界(loka)でも他の世界でもないような領域(āyatana)が存在し、そこには死も再生も存在しなくて、それこそが苦の終わり(anto dukkhassa)であると言われている。[27] 即ち、苦と「世界」の終わりであるところの涅槃とは、生ぜず(ajāta)、成らず(abhūta)、形成されず(akata)、条件付けられていない(asaṅkhata, 無為の)ものであり、そこでは縁生の現象が生成消滅しないから、死も再生も存在しないというわけだ。

引用部で言われていることは、このような不生であり無為である涅槃が存在するからこそ、条件付けられた現象を出離することも可能なのだ、ということだが、その理路はさきほど述べたとおりである。有為の現象を超えたところに、無為の領域が存在するから、その覚知によって対象への渇愛は滅尽され、「世界」を終わらせることができるということだ。

ミャンマーの瞑想センターでしばしば説法される教えに、苦諦も「聖諦(ariya-sacca)」なのだというものがある。つまり、「苦である」ということもまた、覚者の如実知見によって知られた真理(諦、sacca)であるから、その本当の内実は、涅槃を覚知した聖者(ariya)であって、はじめて理解されるということだ。

解脱への道が、五蘊や六根六境といった認知の構成要素を厭離し離貪することであるというのは前章で述べたが、しかしそれらの無常・苦・無我を、いくら観察し続けても、凡夫はそれ以外のものを知らないので、そうした対象に執著したい気持ちは、いつまでも残り続ける。シーハー比丘尼の心から、欲情が七年間も離れなかったようにである。

だが、修行者が涅槃を覚知した時、この状況は転換する。『無礙解道』には、「生起は苦であり、不生は楽である」と言われ、また「生起は恐怖であり、不生は安穏である」とも言われるが[28]、縁生の現象とは別のものとして、不生であり無為である涅槃が存在することを知り、またそれが「最高の楽」であるとわかった時に、修行者は「全ての現象が苦である[29]」ことを、本当の意味で理解する。それは喩えて言えば、かつての麻薬中毒者が、薬の影響下からすっかり脱して社会復帰した後に、いままさに中毒している人を眺めて、「麻薬にいいことは何もないな」と、心から実感するようなものだ。

苦諦を知って、対象を厭離し離貪して渇愛を滅尽するとは、そういうことである。縁生の現象を好ましいと思う気持ちを抑圧して、「こんなものはろくでもない」と、必死に自分に言い聞かせなければならないうちは、苦諦を本当の意味で知ったとはまだ言えない。真っ赤に焼けた鉄板に、素手でふれることを当たり前に避けるように、現象が苦であることを心から当然のこととして受け入れた時、はじめてそれを厭い離れ、貪りを離れるということが自然に起こる。そしてそのためには、縁生の現象に執著するよりも、ずっと素晴らしいことがあるということを、自分自身の現実の経験として、知らなければならないということだ。

既に述べたように、「生じては滅していく、その寂滅が楽である」という無常偈後半の句は、生成消滅の存在しない寂滅境であり、また「最高の楽」であるところの、右に述べた涅槃について詠っているものである。この漢訳で言えば「寂滅為楽（寂滅を楽と為す）」、即ち、不生であり無為である寂滅・涅槃こそが楽であり、仏弟子であればそれを目指すべきだというのは、ゴータマ・ブッダの仏教における、基本的な価値判断だ。

仏教のリアル

ところで、さきにもふれたが、右のように不生であり無為であり、また常であり楽であるものとして涅槃を捉えるテーラワーダ的な解釈は、しばしば「涅槃の実体視」であるという批判を受けることがある。そこで、次はこの点について述べることにしよう。

まず一つ言えるのは、涅槃というのは出世間の領域にある無為のものである以上、それを「実体」だとかそうでないとか論じるのは、そもそもカテゴリーエラーの議論だということである。我（アートマン）の絶対的・実体的な意味での存在・非存在について問われた時は、ゴータマ・ブッダは「無記」の態度を貫いた、というのは第四章で確認したし、またその理由は、分別の相（papañca，戯論）の寂滅した如実知見の風光からすれば、その問い自体に意味がないからだ、というのは前章で述べておいた。

右の問題についても事情は同じで、涅槃というのは生成消滅のない無為の風光である以上、そこには当然、分別の相も存在しない。したがって、「ある」とか「ない」とかいう判断の前提となる戯論が寂滅してしまっているのだから、それが「実体」であるかどうかなどと論じることにも、もちろん意味はないのである。実際、テーラワーダ仏教でも、涅槃が常であり楽であるとは語っても、既述のように、それが「我」であるとは決して言わない[30]。

ただ、その種の批判をする人たちにとっては、さきほどの引用文にあったように、不生であり無為であり、死も再生もないような領域が存在し（atthi）、それが覚知されることによって渇愛の滅尽に至るという教説自体が、十分に「実体視」であると感じられるのかもしれない。

これについては、「ゴータマ・ブッダの仏教はそういうものです」という応答しか、究極的にはしようがないのだけれども、それでは納得できないであろうから、周辺の事情を考察しつつ、もう少し別の説明をしてみよう。

まず、ゴータマ・ブッダは「全ての現象は苦である」と説き、その苦の原因である渇愛を滅尽して、苦なる現状から解脱することを教えた。そして、苦というのは具体的に言えば、生老病死などの八苦である。ここまでは、誰でも承認するゴータマ・ブッダの仏教の基本教理だ。

さて、苦からの解脱が教の本質なのであれば、それが達成された境地では、生老病死は存在しなくなっているはずである。だが、現実のゴータマ・ブッダの人生を見てみると、彼は老い、彼は病み、そして八十歳で普通に死んだ。ゴータマ・ブッダの仏教を、何とか近代の知的枠組みに回収しようと試みる人たちは、ここで大きな困難に直面することになる。

本書で述べてきたような仏教理解、というか、伝統的に仏教徒たちが普通に行ってきた解釈にしたがえば、ゴータマ・ブッダが普通に生老病死を経験したことに、不思議な点は何もない。彼は不生であり無為である涅槃を覚知し、そうすることで渇愛を滅尽し解脱を達成して、「これが最後の生であり、もはや再生することはない」と自覚した。もちろん、身体が残っているあいだは縁起の法則にしたがって様々な認知が起こるが、既に執著から離れて「世界」を滅尽させている彼にとっては、それは単なる現象の継起に過ぎない。そして、いよいよ死の時に至ると、もはや彼の業を引き継ぐ新たな五蘊の仮和合は作られず、そのまま存在・非存在というカテゴリカルな判断の全く無効な、涅槃の領域に同じたわけである。後代の仏教徒が、「般《はつ》涅《ね》槃《はん》(parinibbāna)」という言葉を専らこの事態の指示に用いるようになり、それを覚者の死による涅槃の完成だと考えたことにも、十分な理由があるだろう。

　ところが、不生であり無為である涅槃の領域を認めず、場合によっては輪廻転生まで否定してしまう人たちは、ここで無理な解釈を強いられる。「彼らに不死の門は開かれた[31]」というのはゴータマ・ブッダの有名な開教宣言だが、そのように明確に語られた「不死（amata）」の境地や、老病死の苦からの解脱などは、あくまで「比喩」であるか、あるいはせいぜい「見方の変化」を意味すると、考えざるを得なくなるわけだ。

　ゴータマ・ブッダという歴史上の一個人は、現実に老いて病んで死んだ以上、輪廻転生の世界観や、無為の涅槃の領域を考慮の対象から除外して、現象の枠内だけで八苦からの解脱という彼の教えを解釈しようとした場合、それは「喩え話」であると考えるか、あるいは「見方の変わった彼にとっては、私たちには老病死に見えるものも、もはや老病死ではなかったのだ」と、言い張るしかなくなってしまうのである。

　こうした解釈を「現実的」であり「合理的」であると考える人たちもいるようだが、私にはどうしてもそうは思えない。それは少なくとも、文献の素直な読解から引き出されるゴータマ・ブッダの教説の理解とはかけ離れているし、ゆえに経典の説をそのまま実践して、自ら解脱・涅槃を証得しようとした仏教徒たちの認識とも乖離している。この種の解釈は、たしかに私たち現代日本人の知的枠組みの範囲内には収まっているから、その意味で、一定の「現実味」はあるのかもしれない。ただ、それは仏教の「リアル」を正確に把捉したものでは、やはりないと私は思う。

「現に証せられるもの」

ただ、右の解釈のうち、（「喩え話」説は論外としても）「見方の変化」説については、一考の余地がある。既に述べたように、現法涅槃を達成した人は、「世界」を終わらせて現象を如実知見し、その認知においては分別の相が寂滅している。そのような「戯論寂滅」の境地においては、六触処が滅尽しているように、老病死という分別も滅尽しており、ただ現象の継起のみが存在するのだ、と考えるのは、もちろん誤りではない。したがって、「見方の変化」をそのような意味で語っているのであれば、正見（sammā-diṭṭhi, 正しい見方）が仏説の基本であることから考えても、それは正しい理解である。

とはいえ、その場合でも、このような「見方の変化」は、「事実」として存在する渇愛の滅尽により、認知を「現実に」変化させることでもたらされるということは、あくまで強調しておかねばならない。つまり、それは教法の知識によって、それ自体は変化していない「世界」の「捉え方を変える」であるとか、「違う解釈をする」といった、「みなし」や「思い込み」のレベルで起こっていることではないということだ。[32]

ゴータマ・ブッダは、「苦はないのではない、苦はあるのだ[33]」と言い、また「私は苦を知り、私は苦を見る[34]」とも言った。そのように「現実存在」している苦は、「みなし」や「思い込み」によってはなくならないし、またゴータマ・ブッダがそんな教えを人々に説いて、それで彼らを納得させ得たと主張するならば、それはあまりに当時の宗教者や修行者たちを、甘く見過ぎた解釈であると私は思う。

例えば、ゴータマ・ブッダの初転法輪の対告衆（説法の相手）は、第二章でもふれたとおり五比丘であるが、彼らは成道前のゴータマ・ブッダと行を共にしていたものの、苦行の無意味を察した彼が体力回復のために米の粥を食べると、堕落とみなして去って行ったような人たちである。[35]

つまり、彼らは彼らなりに、命を賭してでも解脱という目的を達成しようとしている、真剣な修行者たちであったということだ。そんな彼らに、一度は見捨てられたゴータマ・ブッダが、「よく考えて見方を変えれば、苦はなかったことにできるから、苦行することに意味はないです」などと説法しても、聞き入れてもらえるはずがない。

喩えて言えば、それは強くなることを本気で目指して日々激しい鍛錬を積んでいる格闘家のところに、漫画か何かに影響を受けた子供が出かけて行って、「見方を変えれば世界は愛にあふれている。だから肉体を強くすることに意味はないよ」と、「諭す」ようなものである。鼻で笑われるだけならまだましで、そんな子供は、下手をしたら殴られてしまうだろう。

そして実際、ゴータマ・ブッダはそんなバカげたことを五比丘に言いに行ったわけではない。

既に確認したとおり、初転法輪の内容は四諦である。法身偈の内容にも要約されていたように、彼は苦の現実を認めた上で、その原因を渇愛であると明確に特定し、その滅尽とそれに至る方法とをはっきり示した。

ここは非常に大切なところで、この点に関する無理解から、現代日本に見られる仏教に対する誤解の多くも起こっているように思われるので何度でも書くが、渇愛は凡夫に対しては「事実」として作用しており、それが彼らにとっては「現実」そのものであるところの、「世界」を形成してしまっている。ゴータマ・ブッダの教説が当時の真剣な求道者たちに対しても説得力をもったのは、彼がそのような「世界＝苦」の原因を渇愛であると特定し、それを自分は滅尽したと宣言した上で人々にもその方法を教え、そして弟子たちがそれを自ら実践してみると、本当に「世界」が終わって苦が滅尽した――あるいは少なくとも、そのように確信することができた――からである。

さきほどの喩えに即して言えば、ゴータマ・ブッダは「見方を変えれば強さに意味はない」とか、そういうごまかしを言ったわけではなくて、実際に自ら「強く」なった上で、五比丘の間違ったトレーニング法（苦行）とは異なった正しい鍛錬の仕方を示し、「これをやれば、お前たちも私と同様に強くなれる」と言ったのである。そして、実際にやってみたら言われたとおりの結果が出たから、五比丘も他の同時代の真剣な求道者たちも、ゴータマ・ブッダにしたがったのだ。

このように、「現実存在」する苦から目を背け、それを概念操作で「なかったこと」にしてしまうのでは全くなくて、苦の現実をありのままに知見し、その原因である渇愛を残りなく滅尽させることで、それを正面から乗り越えるためには、不生であり無為である涅槃の覚知を必要とする理由は十分にあること、そして、ゴータマ・ブッダ自身もその領域の存在について語っていたことは既に述べた。

すると、残る問題はそのような無為の涅槃の覚知が実際に起こるのかどうかということになるだろうが、これについてはテーラワーダの瞑想センターで、上座部圏のみならず、世界中から集まった実践者たちが、いま・この時も「現に証し」続けていることである。

もちろん、「そんな経験は信仰に基づいた妄想だ」と、日本の書斎から主張するのはご自由だが、それが過去の仏教徒たちの認識や、「経典のとおりの実践を行ったら、経典のとおりの結果が出ました」と報告している、現代の（非仏教徒を含む）実践者たちの言葉よりも、正しいという保証はどこにもない。

「リンゴが赤い」というその「赤さ」が、横にいる人が認知しているのと同じ「赤さ」（クオリア）であると「客観的に証明」する手段がないように、基本的には「主観」の枠内で起こる出来事である「悟り」の経験を、他者に明晰判明な形で公開する手段はいまのところないし、それがゴータマ・ブッダの経験と「同じ」であったという「客観的な証明」はなお不可能である。

そしてまた、かりにそのような経験が存在したとしても、それをテーラワーダの教理がそう説くように、涅槃という対象を心が認識する経験であると解釈することが正しいかどうかも、また別の問題だ。

ただ少なくとも、現在は世界中に存在しているテーラワーダの瞑想センターで、非仏教徒を含む多くの人々が、気づきの実践・ウィパッサナー瞑想を修習し、その過程において何か生成消滅する現象とは全く違うものを認識・経験して、それによって「煩悩の流れが塞がれる」ということが起こったと、報告していることは事実である。

仏教が二千五百年のあいだ存続してきたことを考慮に入れた場合、そのテクストの言葉を無理に「比喩」だと理解しようとするのではなくて、「書いてあることを、書いてあるように実践したら、書いてあるとおりのことが起こりました」と、率直に報告する人々の証言を重視して解釈することは、十分に「現実的」であり「合理的」なことだと私は思う。少なくとも、そのように実践の文脈から得られる知見にも開かれた態度でいたほうが、さきほど述べた仏教の「リアル」には近づけるだろう。私が不生であり無為であるものとしての涅槃の解釈を支持する、もう一つの理由は以上のようなものである。

仏教思想のゼロポイント

さて、叙述の順序として、最後にその「涅槃の経験」の内実それ自体についても、描写を行っておくべきだろうが、これは涅槃が不生不滅の無為のものであり、言語の領域である分別の相を超えたものである以上、究極的には不可能事である。

したがって、ここまでの叙述では、分別の相の枠組みから眺めた限りでの涅槃の「性質」の描写を行い、それを経験することが引き起こす「結果」についても述べてきたが、その経験の内実それ自体については、これまで行ってきた以上の描写をすることはできない。結局のところ、ここが言語の権利と能力の限界である。

例えば、既に一部は引用した文章であるが、ウ・ジョーティカは涅槃の「性質」について次のように述べている。

涅槃の性質は、精神的・物質的現象の性質とは全く反対です。このこともまた、重要です。ある人々は、涅槃と輪廻（Saṃsāra）が同じであると言う。違いますよ。全くはっきり違います……。しかし、涅槃を理解するためには、あなたは輪廻を理解しなければなりません。輪廻とは、精神的と物質的のプロセスのことです。それが輪廻と呼ばれるのです。ある人が、一つの生から別の生へと移るという、物語のことではありません……。本当の輪廻とは、本当の廻り続けることというのは、この精神的と物質的のプロセスが、ずっと続いていくことを言うのです。それが輪廻と呼ばれるのです。その終わりが、涅槃。涅槃は輪廻と関係している、と言うことであれば、まだ可能です。涅槃は何らかの仕方で、精神的と物質的のプロセスに関係をもっている。しかし、涅槃はプロセスの中にはありません。それはただプロセスの外にあり、ただプロセスの縁にある。その限りにおいて、涅槃は輪廻と関係していると言うことは、可能です。[36]

ここで言われていることは、涅槃は「精神的と物質的のプロセス」である輪廻、即ち、生成消滅する現象の継起とは全く性質の異なるものであるということ。そして、涅槃は輪廻のプロセス

（現象）を徹底的に観察することでもたらされる以上、その限りにおいて輪廻と「関係している」ということは言えるが、それ自体が輪廻のプロセスの中にあるというわけではない、ということである。これらは既に、本書のここまでの叙述でも確認してきたことだ。

では、涅槃の経験それ自体についてはどうか。ウ・ジョーティカはこう言う。

涅槃とは一つの経験です。
その瞬間には、対象と観察が停止する。
その二つのものが停止するのです。
瞑想者には、全てが終焉したように感じられます。

これについて例を挙げることなんてできるでしょうか？　この状態は、言葉を超えたものです。それについて語ることはできません。それはまるで、重い荷物を運んでいて、それを下ろしたようなものです！　あるいは、何かとても重いものを引っ張っていて、ロープがプツンと切れたようなもの！[37]

涅槃（nibbāna, s. nirvāṇa）の原義は（煩悩の炎を）「消すこと」だとされるが[38]、まさに火が消えるように、その時には対象と観察、即ち、継起する現象の認知が消失してしまう。現象の認知がないのに「経験（experience）」があるというのは理解の難しいことだし、「推論の領域を超えた」

ことだ。だから、その「経験」の内実について、言葉で語ることは不可能である。ただ言えることは、それが起こった時には、煩悩の炎が実際に消えてしまうということだけだ。

本書の表題である「仏教思想のゼロポイント」とは、ここのことである。それは無相であり無為であるという意味で「ゼロ」であり、ゴータマ・ブッダがこの経験をしたことが仏教の「始点」になったという意味での「ゼロポイント」である。そして、以後の仏教史はゴータマ・ブッダの証得したこの境地から、いかに・どの程度の「距離」をとるかという問題をめぐって展開していく。したがって、この「仏教思想のゼロポイント」を、経典が記すとおりの「決定的で明白な実存の転換」として素直に捉え、その「性質」を理解しようとする試みが欠けていたら、大乗を含めた以降の仏教史全てについて、その正確な理解はおぼつかない。

このことについては、残りの章でさらに詳しく述べることになるが、最後に涅槃についてもう一つだけ言っておくと、それはゴータマ・ブッダが「現に証せられるもの」であり、「来て見よ(come and see)と示されるもの」であると語っているとおり、日本も含めた世界各地に存在する瞑想センターに参じれば、誰でも「経験」を試みることのできるものである。文献や他人の証言によって、その「性質」だけを知ることに満足されない方は、ぜひ自ら、それを試みていただきたいと思う。

次章への移行

本章では、渇愛を滅尽して「決定的で明白な実存の転換」であるところの解脱を自覚させるものである、涅槃の覚知（無漏の智慧）の性質について考察し、それが「仏教思想のゼロポイント」であることを示した。前章での叙述と合わせて、これで「ゴータマ・ブッダの言う解脱・涅槃とは何か」という問題の解明が済んだことになる。

ところで、さきほどゴータマ・ブッダによる涅槃の経験が仏教の「始点」になったと述べたが、正確に言うと、この経験の時点では仏教ははじまっていない。彼はまだ誰にも自分の証得した法を説いておらず、涅槃も解脱も、その時点では、彼個人の「自内証」に過ぎないものだからである。点に面積も方向もないように、この時点の「仏教」も、まだ形をとっていない以上、そこには内容も性質も存在しない。

実際、第一章で確認したように、彼は自分の証得した法を他人に説くことを、最初はしないつもりであった。ならば、なぜ彼はそのまま肉体の消滅を待たなかったのか。ゴータマ・ブッダは「悟った」後、なぜ死ななかったのか。それがなぜ問題なのか、というところから、次章の叙述をはじめよう。

第七章　智慧と慈悲――なぜ死ななかったのか

安楽であれ、安穏であれ
一切衆生は幸福であれ(1)
――慈経

聖人は不仁

『老子』の第五章に、「天地は不仁、万物をもって芻狗《すうく》と為す」という言葉がある。「芻狗」というのは、祭礼に使う藁で作った犬のこと。用が済んだら、当然のごとく打ち捨てられる。「不仁」というのは、儒家の言う「仁（＝仁愛）」を意識した言葉遣いで、つまりは冷徹非情のこと。したがって、「天地自然というのは冷徹非情なものであり、万物を藁犬《わらいぬ》のように使い捨てにする」というのが、この文の意味になる。(2)

もちろん、自然法則が人情とは無関係に進行し、そこに「仁愛」の介在する余地などないということは、現代日本人である私たちにとっては、むしろ常識に属することである。「人間も含めたこの世界は、物質の因果関係によって生起しているただの現象に過ぎないし、だから存在に意味なんてない」。そんな程度のことであれば、いまどきは小学生でも言うかもしれない。

そしてまた、ここまで叙述してきたゴータマ・ブッダの仏教の思想も、右と同様のことを、基本的には語っていたように思われる。仏教では物質よりも、むしろ心の領域を主たる考察の対象とするが、既に見たように、それも縁生の現象であって、原因や条件にしたがって、ただ生成消滅を続けているだけのものであることには変わりがない。私の喜びも、あなたの悲しみも、単に因果関係によって生じた現象に過ぎないのであって、それもまた縁起の法則の支配下であるというわけだ。

私たちは気がついたらいつのまにかこの世界に「投げ出されて」いて、意味や物語を主観的には切実に求めながら生きるうちに、またいつのまにか死んでしまうのだけれども、それも俯瞰的に眺めれば、現象の流れに浮かぶ泡のようなものなのであって、条件によってたまたま作られ、刹那の後には、また条件にしたがって消えるものでしかない。その意味では、私たちはたまたま作られ、用が済んだらためらいもなく投げ捨てられる、「芻狗」と選ぶところがないわけである。『老子』の第五章では、さきに引用した言葉に続いて、「聖人は不仁、百姓をもって芻狗と為す」と記されている。天地自然の理を体現するのが聖人だから、前者が不仁であれば、後者もまた不仁である。彼は支配者として天下の人民（百姓）を治めはするが、仁愛や人情などをもって彼らに余計な肩入れをすることはなく、政治上の目的を達すれば、あとは藁犬のように放棄して無関心でいる、というわけだ。

ゴータマ・ブッダも、中国思想に言う聖人ではないけれども、現象の無常・苦・無我を如実知見して、欲望によって織り上げられた「世界」を終わらせた人ではある。現法涅槃に住していて、分別の相を滅尽した彼にとっては、現象はただ継起しているのみであって、そこに渇愛に基づいた物語の形成はなかったはずだ。だが、そうであるならば、なぜ彼は悟後にそのまま死ぬのではなく、解脱の楽を独り味わうことに安住せずに、そのような「物語の世界」への再度の介入、即ち、衆生に対する仏教の宣布をはじめたのか。この問題について考察することが、本章の課題である。

慈悲と優しさ

ゴータマ・ブッダが人々に仏教を語ったのは、彼に「慈悲」があったからだと一般には言われている。実際、後に見るように、彼が説法を決意したのは、「衆生へのあわれみの心（kāruññatā, 悲心）によって[3]」、世界と衆生を観察したのがきっかけであった。

ただ、現代日本では日常用語として使われるこの「慈悲」という言葉は、同じく日常用語である「優しさ」と、しばしば混同して理解されがちである。その理解が正しいとすれば、ゴータマ・ブッダは「優しい」から衆生に法を説いたのだということになるわけだが、私の見方では、これは必ずしも正しくない。仏教用語としての「慈悲」には、現代日本語で言う「優しさ」とは、

（一部は重なるものの）全く異なる意味も含まれているからである。

その最も大きな違いとは、行為者の内面において、「慈悲」のほうには常に「捨（upekkhā，平静さ）」の態度が伴っているのに対して、「優しさ」にはそれが伴っていないことである。「慈悲」というのは、「慈・悲・喜・捨」とセットになって、「四無量心(4)」と呼ばれる仏教徒の徳目の一部だが、このうち、慈（mettā，衆生に楽を与えたいと願う心）、悲（karuṇā，衆生の苦を抜きたいと願う心）、喜（muditā，衆生の喜びをともに喜ぶ心）は、「優しさ」と重なるところも大きいのだが、「捨」だけは少し毛色が異なっている。「優しさ」というのは、他者の喜怒哀楽を感じとって同調し、それに働きかけようとする心であるが、「捨」というのはそうした心の動きを全て平等に観察して、それに左右されない平静さのことを言うからだ。

そしてもちろん、この「捨」の態度は、現象を如実知見して、それらを全て縁起の法則によって継起する中立的な出来事として観察する、覚者の風光からもたらされるものである。僧侶など仏教の実践者は、しばしば「本当の慈悲は悟ってからでないと出ませんよ」と口にするが、それは当然のことであって、我執と欲望によって織り上げられた「物語の世界」の中で、現象を如実知見しないまま盲目的に「利他」（だと感じられる）行為をするならば、それは単なる「優しさ」である。欲望の物語への執著を離れたところから、我執も他執もない平等なはたらきかけを行わなければ、それは仏教の「慈悲」にはならないのだ。

ただ、そうは言っても疑問は残る。右の「捨」の態度が覚者の風光から出るものだとすれば、そこではあらゆる分別の相が滅尽している以上、それは仁愛もなければ人情もない、まさしく

「不仁」の境地であるはずだ。ならば、そこから慈・悲・喜という利他のはたらきかけが生じるのはどうしてなのか。現象の世界における衆生の悲喜こもごもが、単に縁起の法則にしたがって起きる中立的な出来事に過ぎないのであれば、そこにいちいち関与して、「抜苦与楽[5]」の実践を行う意義も必要性も、存在しないはずではないのか。

「戯論寂滅」の風光から、「物語の世界」に生きる衆生へのはたらきかけが生ずる動機は何であるのか。「慈・悲・喜」と「捨」が同居する、覚者の心象とはいかなるものなのか。そのことを考察するために、次はゴータマ・ブッダが説法を決意するきっかけとなった「梵天勧請」の次第を、確認してみることにしよう。

梵天勧請

「梵天勧請」のエピソード自体は、第一章でも紹介したとおりのシンプルなものである。成道後、説法を躊躇していたゴータマ・ブッダのもとに、梵天（brahmā）が現れて、衆生に教えを説くことを懇請（āyācana，勧請）し、それが最終的に受け入れられるというのが、その基本的な筋立てだ[6]。

　これも第一章で見たとおり、ゴータマ・ブッダは、自分の証得した法が「世の流れに逆らうもの」だと考えて、当初はそれを他者に語らないつもりであった。だが、そのことを察知した梵天は、「ああ、世界は滅びてしまう。世界が滅亡してしまう」と心配し、素早くゴータマ・ブッダのもとに出現する。

そこで梵天は、世の中には煩悩の汚れの生まれつき少ない衆生も存在するし、彼らは法を説けば理解するだろうと言ってゴータマ・ブッダへの説得を試みた。そして、そのような梵天の懇請を受けた彼は、さきほどふれたように、「衆生へのあわれみの心によって」、仏の眼（buddha-cakkhu）をもって世界と衆生を観察する。

この観察によってゴータマ・ブッダは、たしかに梵天の言うとおり、世の中には煩悩の汚れの少ない者や多い者、利根の者や鈍根の者、教えやすい者や教えにくい者などが存在することを知った。ここで語られる、蓮池の水中から出ない蓮、水面にとどまる蓮、水面より出て水に濡れずに立つ蓮の比喩は有名である。言わずもがなのことであるが、ここで言われる「蓮」というのは衆生であり、「水」というのは、もちろん煩悩の汚れを喩えたものだ。

そして、そのように観察したゴータマ・ブッダは、ついに説法を決意して、「彼らに不死の門は開かれた」と、開教を宣言する。「彼らに（tesam）」という言葉は文脈上、煩悩の汚れの少ない、機根（才能）のある者たちのことを指しているのは明らかだから、少なくともゴータマ・ブッダの仏教は、「一切衆生」を対象とするものではなく、あくまで語れば理解することのできる一部の者たちを対象とするものであったことが、ここで確認できることになる。そのことも、第一章で既に述べておいた。

さて、以上が「梵天勧請」の概要であるが、ここからわかることが二点ある。一つは、悟後のゴータマ・ブッダにも、「あわれみの心」はきちんと存在していたということ。そしてもう一つは、彼は最初は説法をしないつもりであったが、後には衆生を観察した上で、語れば理解することのできる者には、「不死の門」を開く決意をしたということ。つまり、慈悲心によって具体的な利他の実践をするのかどうか、そして、それをいかに・どの程度のレベルで行うのか、という点については、彼に選択の余地、言い換えれば、「自由裁量」の可能性が存在していたということである。

この二点は、至極当然のことのようではあるが、改めて確認されることはあんがい少ないし、いまの議論の文脈では、とくに注意をしておくべきことである。例えば、ゴータマ・ブッダの出家の動機は一切衆生の救済にあったはずだから、悟後に彼が開教して説法をはじめたのは当然であり自然なことだ、と考える人たちもいるが、「梵天勧請」の事情を見る限り、そのように解釈することは難しい。右に見たように、彼にとって説法することは必然ではなく、あくまで選択肢の一つだったのであり、そうである以上、開教し説法するという具体的な利他の実践には踏み出さずに彼が人生を終えてしまう可能性も、存在はしていたわけである。この点については、また後にふれる。

意味と無意味

ではまず、悟後のゴータマ・ブッダにも「あわれみの心」、つまりは「慈悲」の心がきちんと存在していたということ、その意味は何であろうか。もちろん、慈・悲・喜・捨の四無量心が仏教徒の基本的な徳目であり、ゴータマ・ブッダにもそれは十分に備わっていたと思われる以上、彼に慈悲があったのは事実としては当然のことなのだが、問題はさきほど述べたとおり、覚者の心に「慈・悲・喜」と「捨」が両立していたという、そのことの内実はいかなるものであるのか、ということである。

「物語の世界」に積極的に介入していく利他の実践（慈悲）と、そのような「世界」を縁起の法則にしたがって継起するだけの中立的な現象として観ずる捨の態度（智慧）という二者の乖離は、仏教について真剣に「考える」者が、必ず当面することになる難問題である。(7) 理屈の上から考えるならば、この両者が同一人の中に併存することは、どうにも筋が通らないように思えるからだ。

ただ、さきほど確認したように、ゴータマ・ブッダの中ではこれらは併存していたと思われるし、また後代の仏教徒たちも、程度の差はあれ、そうしようと努めてきたことを考えると、やはり智慧と慈悲は現実には両立可能だし、また仏教の建前からすれば、この両者は相互補完的なものでもなければならないということになる。

ならば、智慧と慈悲はいかにして併存し、相互補完するのかということがここでの難問題であるわけだが、実のところ、これは「悟った」立場、即ち如実の風光からすれば全く見かけ上の問いに属するものにすぎない。なぜなら、このことが問われる背景には、智慧と慈悲の乖離という前提があるわけだが、それが乖離しているように見えてしまう時点で、既に私たちの思考の中に、「物語の世界」の枠組みが、こっそり入り込んでしまっているからだ。

私たちが、智慧によって「悟った」ゴータマ・ブッダが、利他の慈悲行へと踏み出すことを奇妙だと感じてしまうのはなぜだろう。それは、「物語の世界」への執著から解放されて、それを現象の中立的な継起の認知へと転換させたゴータマ・ブッダが、そこに再び介入しようとすることは、彼にとって「無意味」なはずだと考えるからである。

だが、よく考えてみればわかるように、「無意味だ」と言うことが「意味」をもつのは、そのように規定された対象以外のどこかに、「有意味」なものが存在している場合である。かりに全てが「無意味」であるとするならば、「無意味だ」と言うことにすら、既に「意味」は存在していないはずだ。

例えばテレビゲームをする時に、私たちはその物語に没入しながらも、同時にそれを「幻想だ」とか「無意味だ」とか指摘することができる。これは実際の人生がゲームの外部に存在していて、それは「現実」であり「有意味」であると、私たちが考えているからだ。もしかりに、私たちが実在だと考えているゲーム外の人生までが、全て「幻想」であり「無意味」であったとするならば、そのように指摘する「意味」もなくなってしまうだろう。本当に「全てが幻想」であるならば、その「幻想」に「現実」という名前をつけて呼んでも、何も変わらないことになるからである。

ゲームや漫画には、「メタ発言」というものが時々出てくる。作品の登場人物が、自分の「世界」を物語であると意識した上で、「この漫画どうするの」とか、そのようなメタの（超越的視点からの）発言をすることだが、「智慧の観点からすれば慈悲は無意味だ」という思考も、構造的にはこの「メタ発言」と同じである。漫画の登場人物が、「メタ発言」をすることによって作品世界から実際に抜け出ることができるわけではなく、ただ物語に新たな広がり（papañca）を与えるだけであるように、「ゴータマ・ブッダにとって利他行は無意味だったはずだ」と言うことは、欲望によって織り上げられた意味の集合である「世界」の中で、新たに一つの物語を形成しただけのことに過ぎず、それは覚者の心象である如実の風光とは、全くかけ離れたものなのである。

つまり、「無意味だ」という判断をした時点で、それは「物語の世界」の文脈に回収されてしまっており、如実の風光からは、既に離れてしまっているということ。比喩的に言い換えれば、それはあくまで「作品」の登場人物の認識であって、その「作品」を、外部から鑑賞している人の認識ではないということである。だからこそ、「智慧と慈悲の乖離」という難問題は、如実の風光からすれば、全く仮象の問いになるのだ。

では、にもかかわらず、私たちがそのような問題意識を抱いてしまうのはなぜなのか。それは、私たちが自分の物語に影響されて、「ゴータマ・ブッダも『全てが無意味だ』と説いたのではないか」という、バイアスによって仏教を解釈してしまうからである。

本章の冒頭では、『老子』の言葉を引用した上で、「存在に意味なんてない」ということであれば、いまどきは小学生でも言いかねないということを指摘した。実際には、小学生のみならず、もっと年のいった大人たちであっても、「存在に意味はない」「人生は無意味だ」といったことは口にするし、この種の「現代的ニヒリズム」は、日本社会の至るところに溢れている。

だが、既述のように、本当に全てが「無意味」なら、そのように語ることにも「意味」はないし、「無意味だ」と口にすることは、単に新たな「意味」を生成している行為に過ぎない。それでも敢えて、「無意味だ」と己や他者に語りかけざるを得ないのは、彼らの心の底のどこかに、

「意味」への甘い憧憬が、まだ残存しているからだ。

いまの議論の文脈に合わせて言い換えるならば、ゴータマ・ブッダの語ったことは、「全ては無意味だ」ということではない。そうではなくて、彼が教えたのは、「無意味だ」と口にしてまで新たな「意味」を生成し続けずにはいられない、その衝動、その根源的な欲望を深く見つめ、それを滅尽させることである。そうしてはじめて、私たちは物語の外、「世界の終わり」に、本当に到達することができる。彼が言ったのは、そういうことだ。

「遊び」

では、意味の判断も無意味の判断も失効したところから、衆生への利他のはたらきかけを行おうとする人々の心象はいかなるものであるのか。敢えて言語によって簡潔に表現するならば、それは「遊び」と言うのが適切であると思う。

無為の涅槃の覚知によって、渇愛から離れた眼で現象を眺めた時に、誰が教えるということもなく、ただ明瞭に自知されることが一つある。それは、いま・ここに存在している、「私」と呼ばれるこのまとまりが、他の全ての現象と同様に、一つの「公共物」であるということだ。

「公共物」という言い方が、正しいかどうかはわからない。「私」と呼ばれる、継起する現象のまとまりは、「私のもの」ではないけれども、他の誰かのものでもないし、ましてや「みんなのもの」でもない。花が花のようにあるように、山が山のようにあるように、石が石のようにあるように、「私」はただそのように（tathā）ある。そこには意味も無意味もない。

ただ、そのような如実の風光を反省的に考察してみれば、それが驚くべきことであるということには思いが至る。とくに、不生であり無為である涅槃という、いわば「他界」からこの世界を反照してみるならば、意味も無意味もない現象が、生成消滅を続けながら、それでも形成され存在しているということは、それ自体として「奇跡的」なことである。「神秘とは、世界がいかにあるかではなく、世界があるというそのことである」[8]という有名なウィトゲンシュタインの言葉は、ゴータマ・ブッダの説いた実践を自ら修する者の立場からすれば、素朴な実感そのものだ。[9]

リス・デヴィッズ夫人や木村泰賢などが指摘していることであるが、[10]『テーラガーター』や『テーリーガーター』の詩句の中には、しばしば自然讃歌が見出される。例えば、『テーラガーター』の第百十三偈で、「清水があり、大石があり、黒面の猿と鹿がいて、水と苔に覆われている岩山は、私を楽しませる（ramayanti）」と詠われているのがそれだ。

また『大パリニッバーナ経』には、「アーナンダよ、ヴェーサーリーは楽しい」などと、様々な場所について、ゴータマ・ブッダがそれらを「楽しい（ramaṇīya, 美しい）」と讃えるシーンも記述されている。[11]対象が自然美とはいえ、渇愛を滅尽した解脱者たちがそれを「楽しむ」というのはおかしなことのようであるが、実際のところは、これはとくに不思議なことでもない。対象への余計な執著の物語を離れた覚者や仏弟子たちは、その風光から現象の世界を反照することによって、存在するものがただ存在するということそれ自体を、純粋に「楽しむ」ことができるからである。

解脱者たちは、しばしばそう誤解されるように、生を嫌悪し世界を唾棄しながら、苦虫を嚙み潰したような顔をして、人生の残りの時を過ごしていたわけではない。前章で引いた『信心銘』の言葉にあったように、何かを憎み嫌うことは、愛し好むことと同様に執著の一つの形であって、そのような正負いずれの方向の執著からも離れることこそが、解脱の内実だからである。それは、「意味」からも「無意味」からもともに離れることによって、はじめて「物語の世界」を終わらせることができるのと同じことだ。

第一章において、ゴータマ・ブッダの仏教は、「凡夫が生の内容だと思っているところのもの」を、少なくともいったんは否定するものであったが、「生」そのものを徹頭徹尾否定するものであったとは言い切れない、と私は書いた。その理由は単純で、「凡夫が生の内容だと思っているところのもの」を厭離し離貪して、ひとたび解脱に至った者は、もはや肯定も否定もしないからである。生を否定することが解脱の帰結なら、それを達成した者は、直ちに自殺すればよい。だが、彼らのほとんどはそうすることを選ばない。渇愛を滅尽して執著から離れた解脱者たちにとっては、生を愛好する必要はないけれども、それを嫌悪する必要もないからである。

ならば、彼らは人生の残りの時をどのように過ごすのか。渇愛を滅尽し解脱に至った者たちは、存在することを「ただ楽しむ」のである。それはもちろん、「欲望の対象を楽しみ、欲望の対象にふけり、欲望の対象を喜ぶ」ような、執著によって得られる「楽しみ」ではなく、むしろそこからは完全に離れ、誰のものでもなくなった現象を観照することによってはじめて知られる、「最高の楽（paramaṃ sukhaṃ）」と言うべきものだ。

対象への執著がなく、利益が得られるわけでもなく、必要が満たされるわけでもないが、「ただ楽しい」。そのようなあり方のことを、「遊び」と呼ぶことは許されるだろう。仏教では、何ものにもとらわれない自由闊達な仏の境地のことを「遊戯三昧」と形容するが、ここで言う「三昧」は、「集中」というより「まじりけがない」というほどの意味。つまり、解脱者たちの生きる時間は、その本質として、純粋な「遊び」であるということだ。

したがって、彼らの一部が利他行の実践へと踏み出すのも、もちろん「遊び」ということになる。彼らは「必要」だからそれをするわけではないし、「意味がある」からそれをするわけでもない。ただ、眼前の「衆生」と呼ばれる現象は、それが本来「公共物」であることに気づかずに、「それは私のものであり、それは私であって、それは私の我である」と考えて「世界」を形成し、自縄自縛の苦しみに陥っている。解脱者たちも、かつては凡夫であったがゆえに、それが彼らにとっては「事実」であり「現実」の苦として作用していることをよく知っているから、それを「ただ助ける」ことにするのである。

「ただ助ける」というのは、解脱者たちには行為の対象である衆生に対する執著がなく、「物語の世界」を実体視してもいないがゆえに、それは意味も利益も必要もなく、「ただ行われる」ということ。したがって、それは「遊び」である。そのように「遊び」として「ただ助ける」ということが、捨の態度を根底に有しながら慈・悲・喜の実践を行うということの内実なのであり、それがいわゆる「優しさ」と「慈悲」との違いであるということは、既に述べたとおりである。

ただし、誤解を避けるために念のため述べておけば、そのような慈悲の実践は、「遊び」であるからといって、決して真剣に行われないわけではない。「遊びであるなら真剣ではないはずだ」

と考えてしまうのは、その「遊び」以外の別のどこかに、「真剣に行われるべき何か」が存在することを無意識の前提とした、「物語の世界」の引力圏の発想である。

例えば鬼ごっこをしている子供は、「これは遊びかい？」と訊かれれば、おそらく「遊びだよ」と答えるであろう。つまり、その子は自分のやっていることが「遊び」だと知っているということだが、だからといって、彼はそれを真剣にやらないというわけではない。彼の意識においては、「真剣に行われるべき何か」が、鬼ごっことは別の領域に、区分してしまい込まれているわけではないからである。

そして、解脱者たちの「遊戯三昧」は、子供の「遊び」よりももっとまじりけがない。既述のように、彼らの生きる時間はその全てが純粋な「遊び」であり、さらに己自身も含めたあらゆる現象が「公共物」であることを徹見してもいる以上、彼らは利他の実践のために、場合によっては自分の命も「芻狗」のように捨て去ることを、決して厭いはしないのである。彼らにそれができるのは、慈悲の行為が彼らにとって「遊びではない」からではなくて、むしろそれが、「何かそれ以外の大切なもの」を別のどこかに確保しておくことの全くない、純粋な「遊び」そのものであるからだ。

利他行は選択するもの

ただ、「遊び」であるということは、そこに選択の余地、言い換えれば、「自由裁量」の可能性が存在しているということも、また確認しておかねばならない。悟後のゴータマ・ブッダにとって説法することは必然ではなく、あくまで選択の結果であったということは既に述べたが、覚者というのは渇愛がもたらす衝動に規定されて盲目的に行為する凡夫ではなく、「公共物」であるところの「私」という現象を自由に遊ばせる解脱者である以上、このことは当然である。

例えば、仏教では一般に独覚（pacceka-buddha、縁覚《えんがく》）と称される人々の存在が認められている。これは仏弟子である声聞（sāvaka）とは異なって、師なくして独自に覚者となった人であり、また悟後にゴータマ・ブッダのような慈悲の利他行を実践して広く衆生を救済することもなく、そのまま亡くなってしまう人である。ゴータマ・ブッダも、世界と衆生の観察によって心変わりをすることがなかったならば、一人の独覚として、誰にも知られることなく生を終えたことだろう。

あるいは、世界と衆生の観察によって、別の決意をする人たちもいる。例えば、初期の大乗経典である『十地経』。これは、菩薩が仏位に至るまでの修道の過程を、十の段階（十地）に分けて説いた経典だが、そこで「悟り」の最初の段階（初歓喜地《しょかんぎじ》）に入り、真理を体得した喜びに溢れる菩薩は、ゴータマ・ブッダと同様に、世界の衆生たちを観察している。[12]

その観察によって、衆生たちが無明により、既述のような自縄自縛の苦しみに陥っていることを見た菩薩には、「凡夫はあわれむべきだ。自覚のないまま苦しみを受けている」と、「大悲の智慧」が生じ、また「私は衆生たちを救護して、仏道の楽に住させなければならない」と、「大慈の智慧」が生じる。[13] そして、その救済の対象は、ゴータマ・ブッダの場合とは異なって一切衆生だ。

初歓喜地は、菩薩が様々な誓願を立てる階位であるが、右の箇所の直前に語られる、「もし衆生尽きなば、わが願いも乃ち尽きん。（…）しかれども、衆生は実に尽くすべからず。（…）わが諸願善根も、また尽くすべからず」という、いわゆる「十尽句」はよく知られている。[14] つまり、「衆生が尽きれば私の願いも尽きるのだけれど、それが尽きるということはないのだから、私の願いも尽きることがないのだ」というわけだが、そのように自らは敢えて涅槃に入ることなく、全ての衆生を遍く救おうとする『十地経』の菩薩の決意は、「彼らに不死の門は開かれた」というゴータマ・ブッダの態度とは、やはり質の異なるものであろう。

こうしたことからわかるのは、覚者が慈悲の利他行へと踏み出して、「物語の世界」への再度の関与を行うかどうか、そして、それをいかに・どの程度のレベルで行うかということは、基本的に「自由な選択」の問題であるということである。独覚のように、解脱してもその境地を他者に開示しない者もいれば、ゴータマ・ブッダのように、機根のある衆生にだけ教えようと考える者もいる。あるいは、『十地経』の菩薩のように、一切衆生を一人残らず、救いきろうと決意する者もいる。このように、人によって悟後の実践に対する態度の選択が異なるということは、覚者にとっては真理を体得して以降のあらゆる「行為」が、本質的に純粋な「遊び」であることを考えれば、実際には当然のことである。

本章冒頭に引用した『慈経（Metta-sutta）』の言葉からもわかるように、ゴータマ・ブッダにも一切衆生に対する慈悲心がなかったわけではない。彼もかつては凡夫であった以上、衆生が無自覚のまま苦しんでいることは『十地経』の菩薩と同様によく理解しているし、それゆえに「あわれみの心」もきちんとあって、「一切衆生は幸福であれ」と願うこともする。ただ、彼は大乗の菩薩たちとは異なって、涅槃に敢えて入らずに、一切衆生を尽く救うという実践は、選択しなかったということである。

このように、智慧の覚悟と慈悲の実践は、矛盾するものでは決してないが、かといって、必ず併存していなければならないというものでもない。涅槃を覚知した者が利他の実践を行わないことは十分にあり得るし、また実践をするとしても、それをいかに・どの程度のレベルで行うかは、本人の自由な選択、もしくは決断の問題である。このこともまた、現実の仏教を理解する上では、ごまかすことなく踏まえておくべき大切な確認事項であると、私は考える。

多様性を生み出したもの

二千五百年前のインドにおいて、ゴータマ・ブッダと呼ばれる一個人のはじめた仏教という宗教は、その後アジアを中心とした広い地域に伝播し、現代では欧米も含めた世界中に根付いて、多くの信者や実践者を獲得している。

また、単に広い地域と長い歴史にわたって存続してきたというだけではなくて、その内に驚くべき思想的な多様性を含むのも仏教の特徴だ。例えば日本の現存する宗派についてざっと考えてみるだけでも、そこには禅あり浄土あり真言あり法華ありと、奉ずる経典も語る教説も行う実践も異なる様々なセクトが並び立っている。その様子を眺めていると、たしかに「法門無量」とは言うものの、そうした多様な思想や実践を全て同じ「仏教」という名称のもとに包括するのは、やはり少々無理があるのではないかと思えてくるほどである。

ならば、そのような圧倒的な多様性を、「仏教」が一つの大きな宗教運動として、その内に抱え込むことになった原因は何であるのか。この点については、もちろん様々な説明が可能であろうが、その一つとして、私は右に述べた覚者の「遊び」としての「物語の世界」への関与の仕方、その「自由裁量」の可能性を挙げることができると思う。

前章の叙述からも既に明らかなことであると思うが、涅槃というのは、それ自体で完全であり自足的な境地である。不生であり無為であるということは、そこに過不足が起きないということであり、また、それは変化も衰滅もない常楽境である以上、何かそれ以外のものを求める必要も存在しない。そして、そのような涅槃を覚知して渇愛を滅尽した者たちは、現象に分別の物語を見て、それに執著するということから離れる。空（suññata）・無相（animitta）・無願（appaṇihita）は「三解脱門」と言われ、テーラワーダではこれらを涅槃の三種の行相（ākāra）であるとするが[15]、現法涅槃に到達した解脱者たちが観ずるのは、まさにこうした空・無相・無願の風光だ。

そのように完全で自足的であり、それ以外のものをもはや必要としない境地から、ゴータマ・ブッダは敢えて「物語の世界」で苦しむ衆生のほうへと手を伸ばし、その全員ではないにせよ、機根のある一部の者たちは救おうとした。それはもちろん、覚者にとっては純粋な「遊び」であるが、凡夫の視点からその現象を眺めれば、それはゴータマ・ブッダによる、新しい物語の形成になる。完全自足の境地に独りあることを選ばずに、「物語の世界」を生きる衆生への関与を決断した時点で、それ以降の彼の「行為」が、それを観察する人々の目からすれば、「もう一つの物語」として映じてしまうことは避けられない。

ただし、ゴータマ・ブッダの示現する物語は、彼が説く教えを実践することによって、衆生が物語の外へ出ることを可能にする機能をもつものである。ゴータマ・ブッダが自分の教えを筏に喩えて、それは煩悩の激流を渡り終えたら捨てられるべきものだとしたことは有名だが、[16]「物語の世界」以外のものを知らない衆生たちをその外部へと導くためには、そのような「筏」、即ち、物語を手放すための一時的な物語を提示するほかに、方法がないわけだ。

さて、そのようにしてゴータマ・ブッダの教えにしたがい「物語の世界」を終わらせた人々は、その風光から現象を反照して、それに対する態度を決める。ゴータマ・ブッダの生存中や、その入滅後しばらくは、彼の示した態度が規範となって、仏弟子たちに強い拘束力をもっただろうが、時が経ってその直接的な影響力が薄れ、周囲の環境も変わってくれば、個人の決断や衆生の状況のあり方に沿って、ゴータマ・ブッダとは別の物語を示現しはじめる覚者たち[17]が登場してくるのは自然なことだ。

何度も繰り返し述べているとおり、覚者・解脱者たちにとっては、悟後の「行為」はその全てが純粋な「遊び」である。そして「遊び」である以上、その仕方は「自由」だから、利他の実践へと踏み出す場合、その範囲や形式に関しては、彼らに裁量の余地が存在する。言い換えれば、仏教徒はみな「物語の世界」の外部へと至ることを試みるが、そのことに成功した後に、未悟の衆生に対してどのような物語を示現するか（あるいは、そもそものことを全く行わないか）は、本人の「自由裁量」にしたがう可能性として、本質的には常に未決定のまま開かれているということだ。

ゆえに、ゴータマ・ブッダが涅槃という常楽境に独りあることを選ばずに、衆生への説法という形で「物語の世界」に再び関与することを決めた時点で、仏教はその内に多様化の種子を、既に胚胎していたとも言える。ゴータマ・ブッダの教説は物語の多様（papañca）から人々を連れ出すが、その結果として「物語の世界」への執著から離れた覚者たちは、そこに再び多様な仕方で関わる可能性を、手に入れることになるからである。

仏教の本質

さきほど述べたように、現状の仏教の多様性は驚くほどのものであり、その中には互いに矛盾する思想や実践も、多く包含されている。ゆえに、そのうちのどれが「正しい仏教」であり、どれが「本当の仏教」なのかということが、仏教者のあいだでしばしば問題として論じられることがある。だが、私としては、そうした多様性は覚者それぞれの「物語の世界」への対応の仕方の差異によって生じるものなのだから、それらのうちのあるものが「正しく」て、あるものは「間違っている」と、決めつける必要はないと思う。

ただ、「仏教だ」と宣言しさえすれば全て仏教であるというのも困るから、ここで個人的な「仏教」の判定基準を示しておくならば、それは、その教えの説者（聴者ではなく）が、「物語の世界」の外部の視野を、自ら有しているかどうかである。

涅槃を証得するための実践を行い得ない人々というのは存在するだろうし、彼らのために、「物語の世界」を全く逸脱しない教えを説くことも、場合によっては許されるだろう。だが、少なくともその教えを説く側のほうは、物語の外部の風光を自らの内に宿していて、そこを立脚地としながら、衆生にはたらきかける必要がある。そうでなければ、その実践は、欲望の物語に巻き込まれながら行われる盲目的な「優しさ」に過ぎないものとなり、仏教の「慈悲」とは、似て非なるものになってしまうからだ。

仏教の本質は、「世界」を超脱した無為の常楽境を知った上で、そこから敢えて、物語の多様に再び関与しようとすることにある。したがって、そこに新たな物語が様々な仕方で示現することは当然なのだが、それらが「仏教」であるためには、そうした物語があくまで「遊戯三昧」の境地から、執著を離れた形で語り出されていることが必要だ。「無量の法門」が、その現象形態は様々でも、全て「仏教」であると言えるのは、それを語る人たちが、「物語の世界」を超出することを通じて、ゴータマ・ブッダと同じものを見たことに、原理的には基づいているはずだからである。

次章への移行

本章では、「ゴータマ・ブッダは『悟った』後、なぜ死ななかったのか」という問題を考察することを通じて、そこからわかる智慧と慈悲の関係および、仏教の本質について叙述した。第五章、第六章における「ゴータマ・ブッダの言う解脱・涅槃とは何か」という問題の解明と合わせて、これで本書の主題となる部分の記述は、ひとまず終了したということになる。

そこで最終章となる次章では、ここまでに明らかとなったゴータマ・ブッダの仏教の性質を前提とした上で、以降の仏教史が、そこからどのような展開を見せたのかということについて、その簡単な筋道を示す。もちろん、これはそれ自体が別の大部の著作による検討を必要とする問題なので、次に語られるのは、あくまでラフな見取り図であり、エピソードの点綴による、主題の後の余談である。

第八章　「本来性」と「現実性」の狭間で――その後の話

お前たちは祖仏に会いたいと思うか
いまわしの面前で説法を聴いている
お前たちこそがそれなのだぞ(1)

――臨済録

一つの参考意見

以下は、余談である。ゴータマ・ブッダの仏教が「何」を目指すものであり、そしてそれを達成すると「どうなる」のかを解明するのが本書の目的であったが、これらの点については、前章までの叙述によって、既に一定の回答が得られたものと思う。そこで、本章ではその余談として、ゴータマ・ブッダ入滅後の仏教史が、本書の視点からはどのように映ずるのかということについて、簡単な素描を行ってみようとするのである。

もちろん、仏教史はゴータマ・ブッダの在世中よりも、その死後のほうがはるかに長い。それはおおよそ二千五百年、大乗仏教の興起から考えても二千年ほどの歴史をもち、その中には前章で述べたような、地域的にも言語的にも思想的にも、圧倒的と言うしかない多様性を含んでいる。したがって、それら全てにきめ細かな目配りをした検討を行うことは、この小著においては望めない。

ゆえに、以下の叙述は、ここまでの議論によって明らかとなったゴータマ・ブッダの仏教の性質を前提として考えると、筋道立った理解のずいぶんしやすくなる仏教史上の事象が存在することを、いくつかのエピソードによって、点綴するものに過ぎない。これ以降の叙述に示すような理解によって、多種多様な仏教思想の大部分の原理的な構造が、かなり上手く説明され得るということ(もちろん、私はそう考えているわけだが)は、他日を期して、また別の著作によって、論証されなければならないだろう。

そのようなわけで、以下の叙述はあくまで本論の余談である。読者の方には、それぞれが仏教について考える上での一つの参考意見として、気軽に目を通していただきたいと思う。

「大乗」の奇妙さ

かつて仏教の勉強をはじめた頃、私はいわゆる「大乗」の徒が、なぜ「仏教」を称する必要があるのかがわからなかった。入門書を読み、研究書を読み、そして直接に大乗経典を読んでみると、そこに説かれてある教えは、ゴータマ・ブッダの直説を最もよく伝えるとされる、いわゆる「初期経典」の教えとは少なからず乖離しており、場合によっては、それと矛盾しているようにすら思えたからである。

例えば、『大パリニッバーナ経』に記述される、ゴータマ・ブッダの臨終のシーン。そこで彼は、「諸々の現象は衰滅する性質のものである。（だから）怠ることなく修行を完成させなさい[2]」と語り、そのまま入滅していくのだが、これは仏典の中でも屈指の名場面であると言ってよいだろう。実際、上座部圏において僧侶が在家信徒に授戒する時は、現代でもこの「怠ることなく修行を完成させなさい（appamādena sampādetha）」という言葉をパーリ語で唱えて、締めとすることがしばしばである。パーリ経典を奉ずる仏教徒たちにとっては、このシーンはそれほどに、重要であり印象深いものとして、受け止められているということだ。

だが、最もメジャーな大乗経典の一つである『法華経』においては、右のゴータマ・ブッダの入滅（般涅槃）について、「衆生を度せんが為の故に、方便して涅槃を現ず」と言われており、それはあくまで衆生を救うために仮現した、方便に過ぎないものとされてしまう。そして、「しかして実には滅度せずして、常に此に住して法を説く」ということで、実際のゴータマ・ブッダは亡くなったのでは決してなく、常にこの世に存在していて、説法を続けているのだということにされるわけである[3]。

このような『法華経』の説が、「無価値」であるとか「間違っている」といった判断を、私は下したいわけではない。そうではなくて、私がわからなかったのは、「このようにアクロバティックな解釈を仏滅に施すくらいなら、『久遠実成《くおんじつじょう》』(4)の神なり教祖なりを別に立てる異宗教をはじめたほうがよさそうなのに、この人たちはなぜそうしなかったのか」ということである。つまり、『法華経』の制作者たちが「仏教」の枠内で己の教説を主張しようとする、その動機が理解できなかったということだ。

そもそも、「大乗（s. mahāyāna）」というのは奇妙な論理構成に依拠した宗教運動である。それは言い換えれば「菩薩乗（s. bodhisattvayāna）」であり「仏乗（s. buddhayāna）」であって、つまりは現世における苦からの解脱という自利を追求する阿羅漢ではなく、一切衆生を広く救済する自利・利他の完成者としてのブッダとなることを究極的な目標とし、自らをその過程にある菩薩として位置づけることをその本懐とする。(5)

だが、これはよく考えてみればおかしな論理だ。なんとなれば、ゴータマというブッダは既にこの世に出現していて、衆生が苦から解脱するための方法を、私たちにきちんと開示してくれている。そうであるならば、仏弟子として為すべきことは、その方法を他者に伝え、また自らにも適用して、揃って苦から解脱するということであって、そこでいちいちゴータマ・ブッダの過去生の利他行の過程を自らも辿り直して、長大な修行期間の果てに自身がブッダとなり、ゴータマ・ブッダと同じ方法を再発見して衆生に説くなどという迂遠なことをする必要は、本来は存在しないはずである。つまり、苦から解脱する方法はゴータマ・ブッダによって既に明快に示された以上、サンガを維持してその方法を他者や後世に伝え、自らもそれを実践して苦から解脱する努力をすることが、仏弟子としての第一義的な生のあり方であるはずだということだ。(6)

逆に言えば、利他行を主にやりたいだけなのであれば、そういう目的の宗教を別に作ればいいことで、わざわざ新しい経典を制作してまで、自らの立場を「仏教」だと主張する必要はなかったはずである。ならば、なぜ「大乗」の徒は、あくまで「仏教」の枠内において、自己の立場を確立しようとしたのであろうか。

「本来性」と「現実性」

この疑問は、私が長年抱いていたものであったが、前章の最後で示したように、いまはそれにも一定の回答が出せたように思う。即ち、部派の分裂から「大乗」の諸思想に至るまで、そのような多様性を仏教が抱えざるを得ないのは、覚者たちの「物語の世界」への対応の仕方の違い、荒木見悟の用語を使って言い換えれば(7)、個々の仏教者たちによる、「本来性」と「現実性」との関係のとり方の差異が存在可能であるがゆえである。

第六章で述べたように、「寂滅為楽」、即ち、無為の寂滅境である涅槃こそが「最高の楽」なのであり、仏弟子であればそれを目指すべきだというのは、ゴータマ・ブッダの仏教の基本的な価値判断だ。これは、生成消滅する現象への執著に基づいて物語（＝凡夫にとっての「現実」）が展開する「世間（loka）」よりも、それを超出した不生不滅の「出世間（lokuttara）」を高く価値付けた、「本来性」への強い志向を伴う態度であると言えるだろう。

だが、ゴータマ・ブッダの入滅後、時がしばらく経ってからの覚者たちの中には、そのような教祖の態度、もしくはその教えの一部を墨守する仲間たちの態度とは、異なる選択をした者たちもいた。彼らはもちろん、「本来性」としての涅槃の高い価値を知っていたが、同時に、その観点から反照された「現実性」にも、ゴータマ・ブッダよりもずっと高い価値を認めようとする。即ち、一部の覚者たちの「遊び」の中で、「物語の世界」における方便行、言い換えれば、「現実性」の中における具体的な利他の実践が、ゴータマ・ブッダの場合よりも、はるかに大きな比重を占めることになったのである。

だが、そのように無為の寂滅境に住することよりも、「物語の世界」の中にある衆生にはたらきかけることを優先しようとすることは、伝えられてきたゴータマ・ブッダ自身の言行とはずれてくる。だから彼らは自ら新しい経典や論書を制作し、そこで何とか、自分たちの価値判断に、教理的な整合をつけようとした。そこで行われたことが、例えば自己の目標を「成仏」として無限遠の未来に位置づけ、「菩薩」としての現在をそのための「過程の生」であると定義することで、「物語の世界」における今生での活動を正当化してしまうことであり、あるいは龍樹《りゅうじゅ》がそうしたように、「涅槃」と「世間」の区別を無効化してしまうことで、後者から前者への移行というゴータマ・ブッダの仏教の基本線自体を、いわば「宙吊り」にしてしまうことである。

「大乗」というのは、もちろん一枚岩のものではなく、それ自体に多様性を含んだ、複雑な宗教運動の総体だが、その根底には右に述べた、涅槃よりも世間を、不生不滅の寂滅境よりは生成消滅の「物語の世界」を、ゴータマ・ブッダよりも高く価値付けようとするモーティヴが、その基本的な方向付けとしてはたらいている。例えば、さきほど述べた『法華経』の「久遠実成」の思想などは、仏を般涅槃した存在ではなく、久遠の過去より現在に至るまで、この世における説法を続ける者として捉え返すことで、仏教の「現場」を、「本来性」への志求から「現実性」での活動へと、転換させたものだと解釈することができるだろう。(8)

ただし、「大乗」のそのような「現実性」の重視は、あくまで「本来性」の風光から、その視点を内に宿した「遊び」として（原理的には）行われるということは、やはり確認しておかねばならない。既述のように、ただ「物語の世界」の中で利他の実践を行いたいだけであれば、それを「仏教」だと称する必要はないのである。彼らがゴータマ・ブッダ自身の示した態度からは多かれ少なかれ逸脱・離反しながらも、それでも自らを「仏教徒」であると考えたのは、彼らが「現実性」へと関与する際の立脚地が、ゴータマ・ブッダの教えにしたがうことによって知ることを得た（と自己認識した）、「本来性」の風光にあったからだ。

「本来性」を知り、己の立脚地をそこに置くということに関してはゴータマ・ブッダと変わらなくても、その「現実性」との交渉の仕方に関しては、ゴータマ・ブッダとは異なる道を選んだ人たち。「大乗」とはそのような覚者たちによって担われた運動なのではないかと思われる。

何が「本来性」か

ただ、「本来性を知る」と言っても、彼らが内に宿していて、己が「現実性」と関わる上での立脚地とした「本来性」の風光が、その「現実性」との交渉を経ても、ゴータマ・ブッダの場合のそれと全く変わらないままに把握され続けたかどうかというのは、もちろん議論の余地のあるところだ。

例えば、テーラワーダ仏教の教理では、勝義（paramattha）の物事、つまり真実（truth）・現実（reality）として、四つのカテゴリーを認めている。即ち、心（citta）、心所（cetasika）、色（rūpa）、そして涅槃（nibbāna）である。(9)

このうち、心と心所と色は世間諦（loka-sacca）と呼ばれ、涅槃は出世間諦（lokuttara-sacca）と呼ばれる。前者は有為のものとして生成消滅する世間（loka, 世界）を形成し、後者はそれを超越した不生であり無為である出世間の領域を指示するからである。

また、仏教では一般に世俗諦（sammuti-sacca）と勝義諦（paramattha-sacca）の区別を認めるが、テーラワーダにももちろんそれは存在する。世俗諦とは、英語では conventional truth などと訳されるが、これは要するに「人々の合意によって認められた慣習的な真理」というほどの意味である。例えば、「カラスは鳥類だ」などというのは世俗諦だ。勝義である如実（ありのままの現実）の風光からすれば、「カラス」も「鳥類」も、存在しないからである。

つまり、世間諦の三つが形成する現象を、私たちは如実に知見することができずに概念（paññatti）や分別の相（papañca, 本書の用語で言えば「物語」）を作り出すのだが、そのうち、人々が「正しい」と慣習的に合意しているものが、「世俗諦」と称されるということである。例えば「カラスは昆虫だ」と言えば、これは人々からの承認が得られないので、世俗的な意味でも真理（諦）ではないから、単なる「間違い」ということになるわけだ。

さて、するとテーラワーダの教理では、認知のレベルに実質的には三つの層を認めていることになる。即ち、凡夫にとっての「現実」である「物語の世界」という、世俗諦の通用する層。そして、如実知見する者にとっての「現実」である生成消滅する世間諦の層。最後に、そのような世間の範囲を完全に乗り越えた、不生であり無為である出世間（諦）の層である。[10]

ならば、このうち「本来性」と呼び得るのはどの層だろう。もちろん、テーラワーダの教理に即して言えば、心・心所・色・涅槃を勝義であるとするのだから、世間諦と出世間諦の二層が「本来性」に当たることになり、世俗諦の通用する「物語の世界」の層は、それに対する「現実性」であるということになるだろう。

だが、例えば『中論』のように世間と涅槃（出世間）の区別を無効化する立場をとるなら、世間諦と出世間諦の区別も当然無効ということになるし、それに応じて、把握される「本来性」の内実も変わってくる。そうした解釈の延長線上には、仏教者は「物語の世界」から出て生成消滅する現象を如実知見すればそれでよいので、それ以上に無為の涅槃の領域などを考えるのは余計なことだ、という主張も、自然に生じてくることになるだろう。実際、「大乗」の徒にとってみれば、現世において解脱を決定的にする必要はないので、涅槃を覚知することの重要性は、ゴータマ・ブッダの仏教の場合よりも、相対的に下がるのである。

そして、このように「寂滅為楽」という価値判断を拒絶し、涅槃と世間の区別を無効化する傾向は、さらに進んで、ついには分別と無分別の区別さえも、否定してしまうことになる。つまり、「物語の世界」を、それそのままに「本来性」として、捉え返してしまうわけだ。あるいは、別の言い方をするならば、そもそも「本来性」と「現実性」の差異などなかったのだと、その区別を無効化してしまうということ。こうした傾向は、中国・朝鮮・日本といった、東アジアの大乗仏教に色濃く見られた。

中国禅の場合

例えば、中国・唐代の禅において、その「主流ないし基調[11]」を確立した馬祖道一（709-788）の立場はそのようなものである。中国禅の研究者である小川隆によれば、「祖師西来意（禅宗の開祖である達摩大師が中国にやって来た目的）」という形で問題化される禅の第一義は、唐代禅の場合、馬祖の「即心是仏」という直截端的な教えが、その最も基本的な定義となる。つまり、菩提達摩が中国にやって来た目的は、「この心がそのまま仏である（即心是仏）」ということを伝えるためであり、その事実を我が身に徹して悟ろうとすることが、唐代禅の基本であったということである。

この「即心是仏」という馬祖、もしくは唐代禅の主流の立場は、ゴータマ・ブッダの教説を、ある側面では正しく引き継いでいる。ゴータマ・ブッダは「現法涅槃」を語り、また「世界の終わり」は、いつかどこかの先ではなく、「この一尋ほどの身体においてこそ」実現されるとも言っていた。つまり、禅もそのうちに含まれる大乗仏教の基本的な前提としては、無限遠の未来の果てに想定されるべき「悟り」の境地を、再び（ゴータマ・ブッダと同じく）いま・ここの問題として唐代禅は捉え返したわけである。この点について言えば、禅は他の大乗諸派よりも、ゴータマ・ブッダの仏教との距離が近い。

ただ、両者のあいだにはもちろん大きな相違もある。本章冒頭に引いた『臨済録』の言葉に端的に示されているように、「即心是仏」というのは、いま・ここの私たち自身が、まさにそのまま仏であるということである。『臨済録』には、他にも「無事是れ貴人《きにん》、但《た》だ造作《ぞうさ》すること莫れ、祇《た》だ是れ平常なれ」[12]とか、「無修無証《むしゅむしょう》」[13]といった有名な言葉があり、また「坐禅観行《かんぎょう》し、念漏を把捉して放起せしめず、喧を厭い静を求む、是れ外道《げどう》の法なり」[14]とも言われている。つまり、瞑想（坐禅観行）して気づきを保ち（念漏を把捉して放起せしめず）、その修行によって即今のこの身とは異なる自分となり、それで証悟を得ようなどとするのは造作（はからいごと）なのであって、大切なのは何事もしないということ（無事）であり、ただ平常のままであることだ、というわけだ[15]。

このような「即心是仏」や「平常無事」の主張は、「苦はないのではない、苦はあるのだ」と語り、凡夫の現状を苦であると明確に規定した上で、そこから超脱する方法としての禅定や智慧を教えたゴータマ・ブッダの態度とは、やはり異なるところがあるだろう[16]。唐代禅の主流である馬祖系の禅においては、修習による「現実性」から「本来性」への移行というゴータマ・ブッダの仏教には明白に見られた方向性は無効化され、「現実性」と「本来性」は、媒介なしに等置されることになる[17]。

ところが、宋代の禅になると、この傾向には変化が見られた。即ち、大慧宗杲《だいえそうこう》（1089-1163）により創出された「看話禅《かんなぜん》」によって、唐代においては一定の問題関心の文脈の中で語られ、そこで有意味となっていた個々の禅問答が、そのような意味の連関からは孤立・独立した「公案」として切り取られ、禅者たちの参究の題材とされることになったのである。

そのように文脈から切り離された個々の禅問答は、当然、脱意味的なものとなり、「無義語」となり「無理会話」となる。大慧系の「看話禅」において、修行者はそのような無意味で非概念的な言葉の断片に「活句」として参究し、そこに精神を集中することで、「心意識」が「気息を絶した」、「徹頭の処」に至ることを要求されるのである。この「看話禅」は、その後の中国・朝鮮・日本における禅の主流となったもので、現代日本でもおそらくは多くの人が、禅をこのイメージで理解しているだろう。(18)

このような「看話禅」の主張は、本書の立場からすれば、たいへん理解のしやすいものである。「即心是仏」という宣言は、他の大乗諸派が「成仏」を無限遠の未来のいつかどこかの話にしてしまっている時に、問題の場をいま・ここの我が身に引きずり降ろしてくるには役に立った。しかし、「即心是仏」というテーゼを知識として知った上で、「そうなのだ」と頭の中で「考えて」みるだけでは、「現実」であり「事実」である「物語の世界」から私たちは一歩も出られず、ゆえに自己の実存のあり方も、全く変化することはない。「現実」であり「事実」であるものを変えるためには、同じく「現実」であり「事実」である決定的な経験と、それを得るための具体的な方法が、必要とされるのである。

とはいえ、これはもちろん「看話禅」が「正しく」て、馬祖や臨済の主張が「間違って」いたということではない。「看話禅」では凡夫の「現実性」が「本来性」と、ある面では乖離していることを実質的には認めた上で、その現状を転換させるために公案に参究して「見性」することを修行者に求める。それは非常に説得力のある主張ではあるが、同時に、あくまで「本来性」と

「現実性」との関係のとり方の、一つのヴァリエーションに過ぎないものでもあり、別の変奏の可能性は、時代の文脈や個々の仏教者たちの態度にしたがって、常に開かれたままである。

実際、「看話禅」の勢力は強かったにせよ、宋代の禅が全くそれ一色に塗りつぶされてしまったわけではないし、その宋に留学した我が国の道元（1200-1253）は、大慧宗杲を厳しく批判している。また、後の江戸時代には公案の使用に批判的であった盤珪永琢《ばんけいようたく》（1622-1693）の「不生禅」を、日本における「看話禅」の大成者である白隠慧鶴《はくいんえかく》（1685-1768）がさらに批判するなど、「本来性」と「現実性」との関係のとり方、あるいは、そのあいだに「見性《けんしょう》」のような明示的な転換点を認めるか否か、といった問題については、それぞれの仏教者によって、見解の相違が著しい。

このような個々の仏教者による見解の相違に関しては、そのあるものが「正しく」て、あるものが「間違っている」と判定しようとするよりも、彼らの抱える時代背景や個人の資質を検討した上で、それぞれの示した態度の性質を知り、それを己が仏教に対する際の態度決定の参考としたほうが、とくに宗派的な立場をもたぬ一般の人々にとっては、有益な結果をもたらすのではないかと私は思う。

ミャンマー仏教とタイ仏教

最後に、この個々の仏教者による「本来性」と「現実性」との関係のとり方の差異について、もう一つ面白い例を挙げておこう。それは、ミャンマー仏教とタイ仏教の性質の違いである。

ミャンマーとタイは、ともに上座部圏に属する国であり、多くの国民がテーラワーダ仏教徒であるが、それぞれの国で実践されている仏教の性質には、やはり微妙な差異がある。そして、中でも顕著な相違であると考えられるのが、その涅槃に対する把握の仕方だ。総じて言えば、ミャンマーの仏教徒たちにとって、涅槃とは本書で述べたような瞑想による無為の領域の覚知のことであり、タイの仏教徒たちにとって、涅槃とは瞑想時に限らず、行住坐臥の全てにおいて実現されている、人格の一定の状態を指すように思われる。[19]

ミャンマーの仏教は基本的に聖典のテクストを遵守する保守的な性格のものであるから、それが第六章で詳述したような「テーラワーダ的な」涅槃の解釈にしたがって実践を行うのは当然であるが、ここで興味深いのはタイ仏教のほうである。もちろん彼らもテーラワーダ仏教徒であるから、無為の涅槃の領域を否定はしない。だが、かの地の瞑想指導者たちの著作や、そこで実践を行う人々の語るところによれば、タイの仏教徒たちにとって、涅槃という事態は瞑想における特定の状態というよりは、むしろ日常において意識がいま・ここへの気づきを保っていて、そこに貪・瞋・癡の煩悩が混入していない状態のこととして、認識されていることがしばしばであるように思われる。

例えば、世界的に著名なタイの瞑想指導者であり、このほど法話の邦訳も出版された[20]アーチャン・チャーは、それらの著作の中で、ミャンマーの瞑想関係の書籍であれば必ず語られる涅槃の覚知の瞑想経験について、ほとんど口にすることがない。彼が語るのは、ただ気づきを保って日常を過ごし、そうすることで無常・苦・無我という現象の性質をありのままに知って、執著から離れることだけである。あるいは、日本人タイ僧侶として人々に瞑想の指導や仏教の解説などを行っているプラユキ・ナラテボーも[21]、涅槃の覚知のような瞑想における特定の経験を修道上の目標として語ることがほとんどなく、ただ「いま・ここに開かれてあり続けること」を基本として、その指導を行っているようである。両者に共通しているのは、瞑想上の特殊な経験を目標あるいはブレイクスルーとして捉えることを、基本的にはしないことだ。

　このような涅槃観の相違は、僧院での生活の仕方にも表れており、例えばミャンマーの瞑想寺院では、修行者にいわゆる作務をやらせることをほとんどしない。「余計なことはせずに、ただ瞑想だけに集中せよ」というわけで、これは真剣に取り組んでいるところほどそうである。他方、タイでは瞑想者にも、掃除や居住小屋（クティ）の修理といった作務を、積極的にやらせる寺院が多い。これは瞑想や涅槃というものを、通常の暮らしも含めた生の全体性の中において実践・実現されるものとして、捉えていることの表れであると思われる。

　ミャンマー仏教とタイ仏教の、瞑想や涅槃に関するこのような態度の相違は、日本における臨済禅と曹洞禅の差異ともパラレルに理解できるところがあって、たいへん興味深いものがある。両者にこうした相違が生じるのは、既述の「世間諦」と「出世間諦」の内実把握と、それぞれを重視する仕方に違いがあるからであろうが、いずれにせよ、個々の仏教者による「本来性」と「現実性」との関係のとり方の差異は、テーラワーダの内部にさえも、実は存在しているということである。

「仏教を生きる」ということ

さて、このように「本来性」と「現実性」との関係が多様な仕方で把握される過程として仏教史を眺めてみるならば、そのうちのどれか特定の立場だけを「正しい仏教」であるとし、それ以外は「間違った仏教」であると断定することに、さほど重要な意味はなくなってくるのではないか。

もちろん、ゴータマ・ブッダが実際に説いた教えや、その示した価値判断に、厳密にしたがっているものだけが「正しい仏教」であるという立場をとるならば話は別だ。その場合には、いわゆる「初期経典」、もしくはその中でも「古層」に属するテクスト（そのような判定が十分な客観性と確実性をもって行い得るかどうかは別として）に沿った実践を行う者だけが「正しい仏教徒」であり、それ以外の実践を行う者は、全て「間違った仏教徒」であるということになるだろう。

だが、もしかりにゴータマ・ブッダ滅後の世の中に、そのような「正しい仏教」以外の仏教が生まれてくることがなかったとしたら、それは数千年の時間と数千キロの距離を越えて、私たち現代日本人にまで伝わり、そして受容されることはおそらくなかった。それは、ゴータマ・ブッダの仏教と同時期に開創され、それと多くの共通点も有するが、「大乗」を生み出すことはなかったジャイナ教が、二千五百年のあいだ滅亡はしなかったものの、インド文化圏の枠を越えて広まることはなかったことからも、明らかであると思う。

実際、仏教が東アジアに流伝する際の窓口となった中国では、その教相判釈《きょうそうはんじゃく》(22)の試みを通じて、ゴータマ・ブッダの直説に近い阿含経典は基本的に「小乗」の劣った教えとして貶され、ただ

「大乗」の経典のみが、高い評価を受けて広まっていた。そして、現状の日本仏教の諸宗派の来歴を見ればわかるように、この価値判断は、日本においても伝統的に受容されてきており、それに疑義が呈されるようになったのは、つい最近のことである。

もちろん、私はその伝統的な価値判断が「正しかった」と言いたいわけではないし、かといって、それが「間違っていた」と断罪したいわけでもない。ただ、ほぼ確実に言えることは一つあって、それは、ゴータマ・ブッダの仏教が、そのナラティヴや価値判断を大きく変容させた形で教えを説く後継者たちを生み出すことがなかったならば、仏教はいまのような形で日本において広く受容されることはなく、現代の私たちは、遠いインドで存続している一宗教であるジャイナ教を眺めるような目でしか、それを見ることができなかったであろうということである。

前章で確認したように、そもそも仏教の開祖であるゴータマ・ブッダは、彼自身が、無為の常楽境に独りあることを選ばずに、そこから物語の多様に再び関与することを、敢えて選択した人であった。そして、「世界宗教」として現存する仏教は、そのようなゴータマ・ブッダの教えにしたがって彼岸（「物語の世界」の外部）に渡り、そこからゴータマ・ブッダの作った筏（教説）とは別の筏を作って人々に提供しようとした覚者たちによって、多様に豊饒に形成されてきたのである。言い換えれば、仏滅後の覚者たちの中には、ゴータマ・ブッダの選択の結果ではなく、選択を行う覚者のあり方のほうを引き継いで、そこから新しい教えを説いた者たちがおり、彼らの活動と参与によって、私たちの知る現在の「仏教」という宗教運動の全体が形作られたということだ。

現代の私たちが知っている仏教は、「本来性」に自足して「現実性」を忘れることも、「現実性」にただ埋没して「本来性」を知らずにいることも、どちらもゴータマ・ブッダと同様に、敢えて拒否した覚者たちによって、形成されたものである。そして、それが圧倒的な多様性を有することになり、その結果として日本にまで伝わったのは、他者や同胞からいかなる批判を受けようと、「本来性」と「現実性」との関係のとり方について、時代や地域の文脈を引き受ける形で、自ら新しく語り直す志をもった覚者たちが、常に存在し続けてきたからだ。

私自身にとって、「仏教を生きる」ということは、この覚者たちの志を引き受けて、右の「本来性」と「現実性」との関係のとり方という問題を、己の存在する文脈の中で、自分自身の問題として生き直し、またそれを再び適切な仕方で、語り直そうとすることである。もちろん、そのような試みを現代人がなお「仏教」と呼び続ける必要があるかどうかは、また別の問題であるけれども。

おわりに

第一章の冒頭に、『スッタニパータ』(岩波文庫版) の内容紹介文を引用した。そこに記されていたのは、同書においては、「後世の仏典に見られる煩瑣な教理は少しもなく、人間として正しく生きる道が対話の中で具体的に語られる」ということであった。

この解説の前半部分は、本書で見たゴータマ・ブッダの仏教の性質の理解としても、決して誤ってはいない。彼の教説は、労働と生殖を放棄し、現象を観察して執著の対象から厭離し離貪して、それで渇愛を滅尽すれば「寂滅為楽」の境地に至れるという、きわめてシンプルなものである。その教理の本筋には、煩瑣なところは少しもない。

だが、解説の後半部分は、第一章でも見たように、正しいとは必ずしも言えないものである。『スッタニパータ』本文からも確認できるように、彼の教説は、その目的を完遂しようとする弟子たちに、「異性とは目も合わせないニートになれ」と要求するものなのだから、少なくとも現代日本人の一般的な価値観からすれば、それは「人間として正しく生きる道」にはなりようがない。つまり、ゴータマ・ブッダの教説は、その本質として「非人間的」な性質を有するものだということであり、それを彼自身も自覚していたということは、本文中でも確認した。

しかし、そうだとすると、ゴータマ・ブッダの仏教というのは、「非人間的」な教えを、ただシンプルに説いたものであるということになる。予断を排してテクストだけを素直に読めば、そういう結論にならざるを得ない。

そこで、このような仏説の性質に接した人々は、多く二種類の態度を示す。一つは、経典の説から私たちの価値観に沿うものだけを取り出して切り貼りし、それを「人間として正しく生きる道」だと言い張ることであり、そしてもう一つは、「小乗の仏教など所詮その程度の教えだ」と、それ以上は考えずに軽視することである。

だが、私たちにとり得る態度は、本当にそれだけだろうか。仏教というのは、曲がりなりにも二千五百年のあいだ存続してきた教えである。その始点であり中核であるゴータマ・ブッダの教説を、「実は」私たちにとって都合のよい内容を述べている「比喩」であると解釈したり、あるいは古代人の未熟な思惟であると速断したりすることは、「現実的」な態度であるとも「合理的」な態度であるとも、決して言えないのではなかろうか。

むしろ、現代でもテーラワーダの人々はそうしているように、ゴータマ・ブッダの「非人間的」な教説を、基本的には言葉どおりに理解し実践することにより、何か価値のあるものが実際に得られるのだと考えてみるほうが、二千五百年続いた教えの解釈としては、ずっと適切であるように私には思える。

ならば、そのように「非人間的」な実践を行ってまで求める価値のあるものとは何であろうか。経典のゴータマ・ブッダが語るところにしたがうならば、それは解脱であり涅槃である。では、その解脱・涅槃とは「何」であり、それを証得すると「どうなる」のか。そのことを解明するのが本書の目的であり、それはここまでの叙述によって、ある程度は達成することができただろう。

ゴータマ・ブッダの教説は、私たちの生の「苦（dukkha）」を主題とするものであると言われている。実際、経典に見られる彼自身の言葉によれば、少なくとも凡夫にとっては、生きることはそれ自体として苦にほかならない。だから、経典の言葉だけを素直に読む人たちは、ゴータマ・ブッダの仏教は厭世主義でペシミズムだと断じてきたし、それを認めたくない人たちは、それは方便もしくは比喩であって、実のところは苦ではないのだと、強弁したこともあった。しかし、これらはもちろん、ゴータマ・ブッダの仏教の解釈としては、ともに必ずしも正確ではない。

子供の頃に読んだ本の中で、「砂漠が美しいのは、どこかに井戸を隠しているからだよ」と、小さな王子さまが言っていた。この言葉を借りて比喩とするならば、「苦はないのではない、苦はあるのだ」と言い、また、「私は苦を知り、私は苦を見る」とも言ったゴータマ・ブッダは、「砂漠なんて実は存在しない」とか、「この世は実はオアシスだ」とか、そういうごまかしを語っていたわけではない。「砂漠はあくまで砂漠である。その現状認識からはじめなさい」と、彼は最初の説法から、繰り返し語っていた。

だが同時にゴータマ・ブッダは、「この世はしょせん砂漠だから、さっさと死ぬのがいちばんです」というような、単純な厭世主義やペシミズムを語ったわけでも決してない。そのような仏教の解釈は、単に「現代的ニヒリズム」に冒された私たちが、「ゴータマ・ブッダも全ては無意味だと語ったに違いない」というバイアスによって、彼の教説を判断してしまうところから出てきているに過ぎないものである。

実際のゴータマ・ブッダが語ったことを見るならば、彼は「砂漠だ」と明言しただけではなくて、そこにきちんと「井戸」が隠されていることも教えており、また、その「井戸」の存在を知る者にとっては、「砂漠」は「砂漠」のままに「美しい」ということも、伝えられてきたテクストとそれに沿った実践から、正しく引き出して知ることができる。これらのことは、いずれも仏説の本質的な内容であって、そのどれかを欠いた形で語ってしまうのであれば、それらはいずれにせよゴータマ・ブッダの仏教の解釈としては不十分だ。

言わずもがなのことであるが、上の比喩に言う「井戸」とは、もちろん「仏教思想のゼロポイント」である解脱・涅槃のことであり、そこから反照した時に覚者の眼（buddhacakkhu）に映じる「砂漠」、即ち、苦なる現象の世界の風光が、悟後のゴータマ・ブッダに死ではなく説法を選ばせたものである。そして、その風光はまた、後の時代にゴータマ・ブッダの教えを実践した者たちに、彼らの住まう地域や歴史的状況の文脈に応じて、新しく「仏教」について語らせる原動力、もしくは原風景ともなった。

ゴータマ・ブッダの「非人間的」でシンプルな教えは、それにしたがった実践を行うことによって、無為の涅槃の覚知という、「物語の世界」の中では決して見出すことのできない価値ある経験へと、修行者を導いてくれる。「仏教思想のゼロポイント」とは、その経験のことを言うのであり、そして、そこから有為の現象を反照した時の風光が、二千五百年のあいだ、仏教徒たちに飽きることなく口を開かせ続ける原動力になった。本書に記したのは、まとめればそれだけのことである。

ただ、そのように簡潔な主張でも、丁寧に解説するには、やはりそれなりの手間がかかる。本文の量は最初の予定よりもだいぶ増えたし、それでも語りきれなかったことも多くある。例えば、いわゆる「十二因縁」の説や、「悟り」の段階に関する議論などは、たいへん重要ではあるが、ふれれば煩瑣な解説を長く必要とすることになり、むしろ叙述の本筋をわかりにくくすると思われたので、本書では扱うことを断念せざるを得なかった。第八章での議論とともに、これらについては他日を期して、また別に語る機会があればと思う。

あとがき

私は二〇〇九年の末にミャンマーに渡航し、それから足かけ五年ほど、当地でテーラワーダを中心とした仏教の行学（実践と学問）をともに修してきた。それ以前には日本の大学で西洋哲学、大学院で仏教学を専攻していたのだが、そうした学問的訓練を経てからミャンマーに来てみて驚いたのは、この地で理解されている「ゴータマ・ブッダの仏教」が、文献の記述のみを素材として描かれ、大学で教えられているそれの理解とは、大きく隔たっていることであった。ミャンマーの仏教は、実践とテクストをバランスよく整合させようとする傾向のとくに強いものであるが、そのような思想的風土において、経典の記述の一つ一つに、実践に裏打ちされた解釈が行われているのを実見するのは、私にとってたいへん新鮮であり刺激的なことだったのである。

また、現代の世界の仏教をめぐるシーンでもう一つ興味深いのは、そのようなミャンマーやタイといった仏教国での実践と学問を経て、そこに近代仏教学の成果も加えつつ、たいへん質の高い仏教書を執筆する西洋人たちが多く出てきていることである。とくに、最近のアメリカ人著者を中心とした英文による仏教書の充実ぶりは素晴らしい。そうしたアメリカ仏教界の現状については、ケネス・タナカ著『アメリカ仏教——仏教も変わる、アメリカも変わる』（武蔵野大学出版会、二〇一〇年）や、藤田一照・山下良道著『アップデートする仏教』（幻冬舎新書、二〇一三年）などに詳述されているが、その活況ぶりは、現代の仏教のフロンティアが、もともとの仏教圏であるアジアではなくて、既にアメリカに移っているのではないかと感じさせるほどである。

他方、我が日本の状況はどうかというと、研究者の仏教理解と実践者の仏教理解は、大きく乖離した状態にあり、両者を統一的に扱いつつ、整合的な理解を提示しようとする試みは、いまのところ非常に少ない。多くの研究者が実践者の仏教理解を「独りよがり」だと考えているし、多くの実践者は研究者の仏教理解を「頭でっかち」だと考えている。だが、私の見方からすれば、そのような対立には意味がない。仏教というのはそもそも行学をともに修することで、はじめて正しく理解できる体系なのであり、解釈に際してその一方を恣意的に切り捨てるのであれば、それは「自分にとっての正しい認知」から一歩も出ようとしていないという点において、同じく不毛な態度であるからである。

行学の知見を統合しつつ記された、英文による質の高い仏教書に目を通しながら、このようなスタイルの仏教書が、早く日本語によっても書かれなければならないと、私は考え続けていた。それがもちろん、本書執筆の動機の一つにもなっている。文献のみをソースとして議論を行うのではない以上、本書はいわゆる学術書や研究書には当たらないが、そのようなスタイルをとったのは、むしろ行学の知見を統合的に扱うことによる、理解の正確性を求めた結果だ。読者の方には、学術書や研究書とは異なるアプローチで仏教の実際に迫ろうとする著作として、本書に対していただければ幸いである。

さて、振り返ってみれば、大学院から数えて十年以上も仏教に関わってきたことになるが、私自身は実家が寺院であるというわけではないし、己がいわゆる「仏教徒」であるという自覚をもっているわけでもない。日本の人たちからは、「それだけ熱心に行学を修しているからには、あなたは仏教徒なのでしょう?」と当然のように言われることがよくあって、それを否定すると驚かれることが多いのだが、例えばミャンマーの瞑想センターで真剣に瞑想を実践している西洋人に、「君は仏教徒なのか?」と同じ質問を向けてみると、「そんなことはどうでもいい(I don't care)」と言われてしまう。

要するに、彼らとしては、あくまで自らの問いを深め、己の人生の指針を定めるために、仏教という思想と実践の体系に関わっているだけなのだから、その行為に「仏教徒」というレッテルを伴わせて、余計な自己限定を設ける必要を感じていないということである。こうした態度は、日本人からはしばしば「不真面目」との評価を受けやすいものだが、私自身は、これを自ら価値判断し続ける責任を手放さない、非常に真摯な姿勢であると考える。少なくとも、そうした人々の集団であれば、「尊師」の言うことであれば何でもしたがって、揃って犯罪に手を染めるといったことは考えにくいだろう。

私が仏教に関わる仕方も、基本的にはそうしたものである。パーリ語のテクストを読み解くのも、ウィパッサナー瞑想を実践するのも、それは子供の頃から感じ続けていた、世界と己に対する「これは何だ!?」という疑問に答えるための行為であって、それ以上でも以下でもない。「仏教徒」だからではなくて、それが己の生に必要なものを与えてくれるから仏教と真剣に関わるのであって、それは人生をかけて西洋哲学を学ぶ人が、だからといって「西洋哲学教徒」ではないのと同じことである。

では、「仏教徒」でもない私が、それでも長いあいだ仏教に関わり続けるための、動機づけとなってくれたものは何か。それは、最後だから敢えてナイーヴな言い方を許していただくとすれば、仏教を学び実践することがそれ自体として与えてくれる「楽しさ」であり「面白さ」だ。それも、仏教の私たちにとって都合よく聞こえる部分を表層的につまみ食いすることによって得られるようなものではなくて、真剣にテクストを読み、本気で実践することによって得られるような種類の「楽しさ」であり「面白さ」である。

仏教は「伝統宗教」としての「文化的価値」で潤色し、趣味人のために博物館や図書館にうやうやしく飾っておかなくても、ゴータマ・ブッダの言ったことをそのままシンプルに提示すれば、十分に私たちにとって学ぶことが面白く、実践することが楽しいものである。その確信に導かれて、まずは理論的な側面から、仏教について正面から筋道立てて考えることの楽しさや面白さを、日本の読者の方々に伝えるために書かれたのが本書である。その意図がいくらかでも実現できていると読者の方々に感じていただけたならば、著者としてこれ以上の幸福はない。

本書の出版にあたっては、新潮社の菊池亮さんに仲介の労をとっていただき、同社の三辺直太さんより編集者として強力なサポートをしていただきました。ありがとうございます。また、勝手なことばかりしている息子を陰に日向に支援し続けてくれた母にもお礼を言いたい。ありがとう。そして何よりも、本書を手にとってくださった読者の皆様に深く感謝します。またどこかで、お目にかかる機会があるといいですね。

二〇一五年三月　ヤンゴンにて　　魚川祐司

註

第一章

（1）MN I p.168
（2）『ブッダのことば　スッタニパータ』（中村元訳、岩波文庫、一九八四年）。私の手元にあるのは、一九九八年刊の第33刷である。
（3）同書、p.23ff
（4）Vin III p.239ff
（5）大正蔵、48巻、p.1119b
（6）前掲書、p.185ff
（7）“kimevidaṃ muttakarīsapuṇṇaṃ, pādāpi naṃ samphusituṃ na icche”
（8）DhpA I p.210ff
（9）前掲書、p.388
（10）この点に関しては、後の章においてより詳しく示される。
（11）AN IV p.54ff
（12）スリランカ・ミャンマー・タイ・カンボジア・ラオスを中心に現存している、いわゆる「南伝仏教」であり、「テーラワーダ（Theravāda）」というのは、彼らの自称するセクト（宗派）名である。彼らはパーリ語で記された仏教聖典のセット（三蔵）を完備して現代に伝えており、自己認識としては、ゴータマ・ブッダの教説をそのまま保守・伝持して実践しているセクトであるとする。「テーラワーダ」は漢訳して「上座部」と呼ばれることもあり、本書では適宜どちらの呼称も使用する。
（13）“saṃyutto methunena saṃyogena”

(14) "aparisuddhaṃ brahmacariyaṃ carati"「梵行（brahmacariya）」とは、修行者の送る清らかで禁欲を守った生活のことである。

(15) "akuppā me vimutti, ayamantimā jāti, natthi dāni punabbhavo"

(16) Vin I p.5, SN I p.138

(17) MN I pp.167-168, Vin I pp.4-5, SN I p.136

(18) 経典におけるゴータマ・ブッダの説法の対象は、必ずしも人間に限らない。例えば神（deva, 天）や梵天（brahmā）といった、人間以外の衆生に対しても彼は教えを説いているのだが、本書では私たち人間にとっての仏教の意義を主な問題とするので、以下の叙述では、いちいちこの事情を注記せずに、ゴータマ・ブッダの教の対象を基本的には人間に代表させる。

(19) DN III p.180ff

(20) cf. Sn 805

(21) Vin I pp.82-83

(22) Vin p.12

(23) Vin p.17

(24) ibid.

(25) この事態の内実は、第五章においてより詳しく語られる。

(26) cf. Sn 715

(27) "so bhikkhu jahāti orapāram" Sn 1-17

第二章

(1) Vin I p.40

(2) 例えば、SN IV p.251, SN IV p.359など。

(3) ただし、これは教理的な観点からの説明であって、本来的・原初的には、「漏」というのも「煩悩」というのも、基本的には同じ意味である。

（4）仏教の文脈においては当然のことであるが、ここで「行為（kamma, action）」というのは、身体的な振る舞いのことのみを指すのではなく、「身《しん》口《く》意《い》」、即ち、身体的・言語的・精神的（bodily, verbal, mental）な、全てのそれのことを含んでいる。

（5）例えば、ベトナム出身の禅僧であるティク・ナット・ハンなど。マインドフルネスという言葉が欧米の仏教界で普通に使われるようになったのは、彼の影響によるところが非常に大きい。

（6）もちろん、八正道の一つに sammā-sati（正念）が含まれていることからもわかるように、これはゴータマ・ブッダ以来の仏教の基本的な実践である（cf. Sn 1035）。近年の（日本や欧米の）実践者たちは、そのことを「思い出した」に過ぎない。

（7）Vin I p.39ff

（8）いわゆる「諸行無常偈」の一句。DN II p.157, SN I p.342 など。

（9）“saṅkhārā are in the widest sense the “world of phenomena”（…） all things which have been made up by pre-existing causes.”（PED p.665）

（10）“virajaṃ vītamalaṃ dhammacakkhuṃ udapādi yaṃ kiñci samudayadhammaṃ sabbaṃ taṃ nirodhadhamman ti” Vin I p.40 など。

（11）MN I pp.190-191

（12）“imasmiṃ sati idaṃ hoti, imassuppādā idaṃ uppajjati. imasmiṃ asati idaṃ na hoti, imassa nirodhā idaṃ nirujjhati” SN II p.28 など、経典の各所に見られる。

（13）漢訳者の義浄は、法身偈の第三句を、「彼の法の因縁尽く（彼法因縁尽）」と訳している。大正蔵、23巻、p.1027b

（14）法身偈のこの説き方は、律蔵「大品」の冒頭に記されている、ブッダ成道後の初夜・中夜の偈において、まず「有因の法（sahetudhammaṃ）」の了知が語られ、ついで「諸縁の壊滅（khayaṃ paccayānaṃ）」の確認が語られる流れとパラレルである。

（15）cf. AN II p.47ff, AN IV p.428ff この点については、第五章でさらに詳しく扱う。

（16）Dhp 278　この句は伝統的に「一切皆苦」と訳されてきているが、しばしば指摘されるように、sabbe

saṅkhārā が主語である以上、本来は「一切行苦」と訳すのが正しい。
（17）Dhp 277–279
（18）仏教では、人間（衆生）を「色（物質・身体）、受（感覚・感受）、想（表象作用）、行《ぎょう》（意志・欲求）、識（認識・判断）」という五つの要素に分析して述べることがあり、それらをまとめて「五蘊」と呼んでいる。
（19）SN III p.22
（20）ibid.
（21）例えば、SN III p.66, Vin I p.13
（22）"n'etaṃ mama, n'eso'ham asmi, na meso attā"
（23）カントによる「傾向性（Neigung）」の定義は、「欲求能力が感覚に依存していること」である。カント『人倫の形而上学の基礎づけ』、アカデミー版全集第四巻、p.413
（24）cf. カント『実践理性批判』、アカデミー版全集第五巻、p.33 また、同『純粋理性批判』A533f/B561f も参照のこと。なお、この点に関してはカントの後の議論との齟齬も指摘されることがあるが、それについてはとりあえずここでは措く。
（25）ちなみに、『純粋理性批判』A341/B399 以下で語られる「純粋理性の誤謬推理」に関する議論は、仏教の「無我」論との関わりで考えた場合、たいへん興味深いものであると思うが、本書ではふれる余裕がない。
（26）もちろん、カント哲学に即して言えば、私たち人間には、「理性の事実」であるところの道徳法則にしたがうことによって、実践的には自由を行使できる余地がある。他方、仏教の場合は、ゴータマ・ブッダの説の構造上、自由については明確に述べることがほとんど原理的に不可能だ。この点については、第四章において再び論じる。
（27）MN III p.203
（28）Vin I p.10 より。SN V p.421–422 にもほぼ同文あり。
（29）生・老・病・死・怨憎会苦《おんぞうえく》・愛別離苦・求不得苦《ぐふとくく》・五取蘊苦（五陰盛苦《ごおんじょうく》）。
（30）"saṃkhittena, pañc'upādānakkhandhāpi dukkhā"
（31）SN V p.436

第三章

（1）Dhp 183
（2）在家者には食と住が、出家者にはそれに加えて、必要なら衣も提供される。
（3）サマタ（samatha）は集中の瞑想であり、ウィパッサナー（vipassanā）は観察の瞑想である。
（4）四つの守護（caturārakkha）の瞑想の一つ。自分自身からはじめて一切衆生へと、慈愛の念（loving-kindness）を及ぼしてゆく観想法。怒りを和らげ、人格を優しく柔軟にして、内外の危険から瞑想者を守る結果をもたらすとされる。
（5）この点に関しては、第五章でさらに詳述する。
（6）Dhp 39 また Sn 520, 715 も参照。
（7）佐々木閑は、オウム真理教の問題点の一つが律を欠いていることであったと指摘している。佐々木閑『律に学ぶ生き方の智慧』（新潮選書、二〇一一年）、p.15
（8）ちなみに、解脱の達成と人格的な完成はこのように別事なので、無漏の智慧に加えて人格的な感化力・指導力を兼ね備えていたゴータマ・ブッダが、単なる阿羅漢とは性質の異なる存在として、後代にほとんど神格化されるに至ったことは、少なくとも実践者としての観点からすれば、さほどに不思議なことではない。
（9）例えば、MN I p.47
（10）例えばブッダゴーサは、「罪過なく、楽の結果をもたらす性質をもつもの」が善（kusala）であり、「罪過あり、苦の結果をもたらす性質をもつもの」が悪（akusala）であるとする。Aṭṭhasālinī p.6
（11）Dhp 203, 204
（12）佐々木前掲書、p.56ff
（13）律のこうした側面について、より詳しくは佐々木前掲書、および同著者による『出家とはなにか』（大蔵出版、一九九九年）を参照のこと。
（14）Suzuki, Daisetz T. *Zen and Japanese Culture*, Princeton University Press, 1970. p.63
（15）Engaged Buddhism,「社会参加する仏教」の意。ベトナム出身の禅僧であるティク・ナット・ハンの提唱により、人口に膾炙した言葉である。

第四章

（1）Dhp 153-154

（2）"attā hi attano nātho" Dhp 160

（3）"attadīpā viharatha attasaraṇā anaññasaraṇā, dhammadīpā dhammasaraṇā anaññasaraṇā" DN II p.100　一般には、「自灯明、法灯明」という表現でも知られている。

（4）cf. Hamilton, Sue. *Early Buddhism A New Approach*, Curzon Press, 2000. p.22f

（5）この「経験我」の内実については、後述する。

（6）MN I p.8

（7）項目数を増やして十四無記とすることもあるが、内容は変わらない。

（8）毒矢に当たった人が「射手のカースト等の情報を詳細に知らないうちはこの矢を抜かない」などと言っていたら、その人はそれらのことを知らないうちに死んでしまうだろう、という喩え話。余計な形而上学的問題に気を取られていたら、苦からの解放という喫緊の目的を達成しないうちに死ぬことになってしまうだろう、という教訓である。

（9）MN I 431

（10）この十無記における「如来（tathāgata）」を、ブッダゴーサの註釈を根拠として「衆生・人間」と理解する解釈もあるが、その誤りであることは、森章司が論証している。森章司「死後・輪廻はあるか――『無記』『十二縁起』『無我』の再考――」（『東洋学論叢』第30号）二〇〇五年。http://www.sakya-muni.jp/fieldwork/3-1212/ よりダウンロード可能。

（11）SN IV p.400f

（12）"kiṃ nu kho, bho gotama, atthattā"

（13）"kiṃ pana, bho gotama, natthattā"

（14）"ahuvā me nūna pubbe attā, so etarahi natthi"

(15) 桂紹隆「インド仏教思想史における大乗仏教――無と有との対論」(『大乗仏教とは何か』シリーズ大乗仏教1)春秋社、二〇一一年。なお、同論文で桂は龍樹と世親という大乗仏教を代表する論師たちも「無記説」を採用していたと述べており、その点は興味深い。

(16) 天眼通や他心通といった神通力は教理として認められているが、それでも本人の認知と他者の認知が、混融して区別できなくなるわけではない。

(17) インド思想の文脈では、眼・耳・鼻・舌・身だけではなくて、意も感官の一つである。

(18) ちなみに、後代の唯識教学で「人人唯識」と言われる、一人一人各別の八識のセットが「無我」であると言えるのも、それらが常に転変しており、常一主宰の固定的な実体を、そこに含んでいないからである。

(19) 木村泰賢『木村泰賢全集 第三巻』(大法輪閣、一九六八年)、p.169 ただし、木村は輪廻転生の過程を通じて流動・変化しつつ継続する生命の当体を、「生きようとする根本意志すなわち無明」(同書、p.159) であるとするが、その説には私は賛同しない。

(20) 同書、p.170

(21) 図式には書かれていないが、Aもそれ以前の業の潜勢力を受けて生起していることは当然である。輪廻の過程は仏教においては一般に「無始無終」であるとされ、そこには始点がなく、解脱しない限りは終点もない。

(22) 同書、p.171

(23) SN II p.75f

(24) この「認知のまとまり」を「個体性」と言ってもよいとさきほど述べたが、これはもちろん括弧付きの表現であって、それが本当の意味で individual なものであるかどうか、つまり、他からは完全に独立したセットであって、決して混じり合うことがないかどうかは、例えば「廻向」の概念などを考慮に入れた場合、微妙なところがあると思う。ただ、本書ではその問題について扱うことはできない。

(25) 木村泰賢も同様のことを指摘している。木村前掲書、p.444

(26) この節で引用した木村泰賢の輪廻理解には、和辻哲郎による批判(『和辻哲郎全集 第五巻』岩波書店、一九六二年、p.274ff) がある。そしてこの批判に対しては、松尾宣昭によって検討と反批判がされているのだが

（『輪廻転生』考（二）——和辻哲郎の輪廻批判」『龍谷大学論集』第469號、二〇〇七年）、そこで松尾は和辻の批判を「誤解に基づくものとしか言いようがない」と評して、仔細に論駁している。私も、松尾と同意見である。同論文で松尾によって誤読を指摘されている『嗏帝経』への解釈にしてもそうだが、少なくとも仏教の輪廻に関する和辻の所論は、おそらくはテクストに向かう前の先入見が強すぎるせいで、見解以前に読解力のレベルで問題を抱えているものが多く、率直に言えば、まともに取り上げて論ずるに足らないものだと思う。松尾の論文は、http://repo.lib.ryukoku.ac.jp/jspui/handle/10519/2797 よりダウンロード可能なので、この問題に関心のある読者には、ぜひご自身で確かめていただきたい。

（27） "Mahātaṇhāsaṅkhayasutta" MN I p.256ff この経典の漢訳が、右の注にふれた『嗏帝経』（大正蔵、1巻、p.766b-770a）である。

（28） MN I p.258

（29） MN III p.203

（30） ウ・ジョーティカ著・魚川裕司訳『自由への旅』（新潮社、二〇一六年）、p.473 この『自由への旅』は、ウ・ジョーティカによるウィパッサナー瞑想の理論書・解説書だが、魚川による翻訳書が本書刊行の翌年に公刊されたのを機会に、出典表記を改めた。

（31） 例えば、Sn 354-5, 517, 742-743, 1120-1123 など。

（32） "akuppā me vimutti, ayamantimā jāti, natthi dāni punabbhavo" MN I p.167

（33） 例えば、SN II p.171, SN IV p.8, SN V p.204 など。

（34） より正確に言えば、第二章で確認したように、「要するに、五取蘊は苦である（saṃkhittena, pañc'upādānakkhandhāpi dukkhā）」と言う以上、ゴータマ・ブッダの立場からすると、少なくとも凡夫にとっては「生きることそのものが苦」である。だから例えばSue Hamiltonは、「苦（dukkha）とは経験（experience）のことである」と、かなり踏み込んだ解釈もしている。cf. Hamilton 前掲書、p.68

（35） この点について木村泰賢は、「この輪廻の予想は、極めて重大な意義を帯びたもので、生死解脱の要求も輪廻観を予想して初めてその切実さが理解されると思う。これを理屈からいっても、もし生老病死が単にこの一生のみの問題であるならば、死が一切の問題を解決するわけであるから、一切を捨離してまで、生死の苦

悩を脱しようとする必要がないからである」と述べている。木村前掲書、p.430

（36）木村前掲書、p.431

（37）この種の主張を、私は略して「はずだ論」と呼んでいる。

（38）MN I p.8

（39）MN I p.264f

（40）DN I p.53ff

（41）"Cetanāhaṃ bhikkhave, kammaṃ vadāmi; cetayitvā kammaṃ karoti kāyena vācāya manasā" AN III p.415

（42）自由と必然の問題に関するゴータマ・ブッダのこうした態度は、カント哲学における「超越論的自由」の扱いと（同じではないが）パラレルに理解できるところがある。Sue Hamilton は、パーリ経典から知られる仏教を解釈するためのより適切なモデル（a more appropriate model）として、カントの思想的立場である超越論的観念論（transcendental idealism）を（厳密に西洋哲学史上のそれと一致するわけではもちろんないと注意しながら）挙げているが、私も彼女の意見には同意する（Hamilton 前掲書、p.188）。この点については本書では詳しく扱うことができないので、別の機会を待ちたいと思うが、その類似性の一端については、世界（loka, 世間）の性質を扱う次章の議論において、カントの思想に親しんだ人々にとっては、少なからず感じられるものと思う。

第五章

（1）SN I p.144f, AN II p.48

（2）SN IV p.395f

（3）なお、本章の議論は全体として、既に何度か言及した Sue Hamilton の *Early Buddhism A New Approach* とくにその第四章と第五章に、大きく啓発されたものである。

（4）AN IV p.430 （…）の部分は、同内容の繰り返しである。

（5）引用部のすぐ後では、五感（と、それへの欲望）から離れた禅定の境地であっても「世界に繋属する（lokapariyāpanna)」ものであると言われている。五感の対象が存在しない、いわゆる「無色界」の禅定でも「世界」にまだ属していると言うのだから、意のみの微細な存在欲（有愛）も「世界」を構成すると考えておいたほうが、この経典全体の文脈からは適切であるように思える。

（6）loka の意については、他に SN IV p.39f, p.52 などにも記述がある。ここで『ローカーヤティカ経』を引いたのは、それが『ローヒタッサ経』と同様の仕方で「世界の終わりと苦の終わり」について語っているものだからである。

（7）SN IV p.15

（8）もちろん、それが「観念論的」であると言えるのは、超越論的な視点を仮構した場合のことであって、実際の経験においては、その六根六境のもたらす認知が「ありのまま（如実）」なのである。

（9）そのテーラワーダにおける仕方は、例えば、水野弘元監修、ウ・ウエープッラ・戸田忠訳註『アビダンマッタサンガハ　南方仏教哲学教義概説』（アビダンマッタサンガハ刊行会、一九九二年二訂版）、p.224ff で、詳しく解説されている。

（10）「衆生の認知の内容」、あるいは「一切法」の捉え方によって、それぞれの分類の対象に微妙なずれが生じることはある。ただ、当座の理解としては、本文のように考えておいて構わない。

（11）SN IV p.391ff

（12）“etaṃ mama, eso'ham asmi, eso me attā”

（13）三界（欲界・色界・無色界）の最上界で、禅定によって到達できる最上の境地。「存在（有）の頂き」という意味で、「有頂天」とも呼ばれる。

（14）AN IV p.431f

（15）SN IV p.60ff

（16）SN IV p.38ff

（17）SN IV p.15f

（18）SN IV p.141

（19）cf. DN II p.68 および Hamilton 前掲書、p.122

(20) AN II p.161ff
(21) PED p.412
(22) PED p.413
(23) Sue Hamilton はこの部分を、“making manifold what is not really manifold” と訳している。Hamilton 前掲書、p.132
(24) こうした「如実」の風光の瞑想実践者による（仮の）描写は、既に紹介したウ・ジョーティカの『自由への旅』に詳しく示されているので、そちらを参照されたい。
(25) cf. Hamilton 前掲書、p.183f
(26) cf. SN II p.27
(27) SN III p.66ff　Vin I p.13f にも同内容の教説が収録されており、そこではこの説法が、初転法輪の後に、同じく五比丘に対して語られたものとされている。なお、この経典には本書 p.53 でも言及している。
(28) 例えば、SN IV p.20
(29) Sn 1035
(30) “Kittāvatā nu kho bhante sandiṭṭhiko dhammo ti, akāliko ehipassiko opanayiko paccattaṃ veditabbaṃ viññūhīti”
(31) SN IV p.41ff
(32) DN II p.290ff, MN I p.55ff
(33) この実践についてより詳しくは、ウ・ジョーティカの前掲書を参照のこと。
(34) cf. Dhp 277-279
(35) SN IV p.108 趣意の引用である。
(36) ヴィパッサナーは、四念処を対象とした観察を『念処経』等に示される方法論に沿って行う瞑想なので、これは気づきの実践そのものである。

第六章

（1）DN II p.157, SN I p.342 など。

（2）ミャンマーなど上座部圏の国々においても、自ら解脱者（阿羅漢）であることを宣言する僧侶は多くない。ただ、「涅槃は証得可能だし、解脱者は存在する」という信念は強く根付いているので、信徒たちによって阿羅漢であるとみなされている僧侶は多く存在する。

（3）「涅槃とは一つの経験です」。ウ・ジョーティカ前掲書、p.421

（4）大正蔵、48巻、p.376b

（5）Sn 1035

（6）MN I p.163ff, MN I p.240ff

（7）例えば、MN I p.21ff, p.247ff など。

（8）ibid.

（9）SN III p.13ff

（10）MN I p.167

（11）Thag 1039-1045

（12）梶山雄一訳『大乗仏典2　八千頌般若経I』（中公文庫、二〇〇一年）、p.8

（13）「結集（saṅgīti）」とは、ゴータマ・ブッダの死後に比丘たちが集まって仏説を誦出し、互いの記憶を確認しつつ聖典を編纂した会議のこと。仏滅後すぐに行われた最初の結集が「第一結集」である。

（14）Vin II p.286

（15）まだ完全な解脱に達しておらず、学ぶことの残っている仏弟子のこと。

（16）Thīg 77-81

（17）Thīg 78

（18）「理性」による教理の理解や、「意志」による努力が不要だと言っているわけではない。それは煩悩や「物語の世界」から手を放すための、いわば「助走」として、当然必要なものである。ただ、それ自体が「悟り」ではないということ。為念。

(19) Pṭs I p.15

(20) Pṭs II p.238

(21) cf. The Pa-Auk Tawya Sayadaw. *Knowing and Seeing*, p.222（本書は書籍版も存在するが、入手は少々面倒なので、http://www.paaukforestmonastery.org/books/knowing_and_seeing_rev_ed.pdf にて無料頒布されているＰＤＦ版を利用するとよい。ここでの参照はそのＰＤＦ版の丁付けによった。

(22) cf. Vsm I p.5

(23) この点については、前掲『アビダンマッタサンガハ　南方仏教哲学教義概説』、p.290ff およびウ・ジョーティカ前掲書を参照のこと。

(24) cf.『中論』観涅槃品、大正蔵、30巻、p.34cff

(25)「涅槃は世間と少しの分別も有ること無し。世間は涅槃と亦た少しの分別も無し。」（大正蔵、30巻、p.36a）

(26) Udn p.80f

(27) Udn p.80

(28) Pṭs I p.12

(29) "sabbe saṅkhārā dukkhā" Dhp 278

(30) ただ、さきほど引用した『ウダーナ』のテクストには、その領域には「依所がなく（appatiṭṭha）」、また「対象がない（anārammaṇa）」とも記されているから（Udn p.80）、心が涅槃という「対象」を認識することで煩悩の捨断が起こるというテーラワーダの解釈には、議論の余地があるとは思う。あるいは一部の瞑想指導者たちが示唆するように、その経験を一種の cessation（停止）として理解するほうが、適切であるかもしれない。とはいえ、この点に関してはどう「理論化」しようと、完全に「正しい」解釈にはなりようがないので、個人的にはあまりこだわらないほうがよいと思っている。

(31) SN I p.138, MN I p.169, Vin I p.7

(32) Sue Hamilton はゴータマ・ブッダの智慧（insight）について、『悟り』の経験の際に得た智慧は、彼にもはや自分が輪廻転生の支配下にはないという確信を与えたと、ブッダ自身が繰り返し述べている。言い換えれば、彼の得た智慧は、知識を得るということが普通そうであるよりも、はるかに根底的な影響を、彼自身

の未来に与えたということだ」と言っているが、これは重要な指摘である。Hamilton 前掲書、p.129f

（33）“na kho Kassapa natthi dukkham atthi kho Kassapa dukkhaṃ” SN II p.20

（34）“jānāmi khvāhaṃ Kassapa dukkhaṃ passāmi khvāhaṃ Kassapa dukkhaṃ” ibid.

（35）MN I p.247

（36）ウ・ジョーティカ前掲書、p.473

（37）同書、p.421f

（38）cf. 並川孝儀「原始仏教の世界」（『新アジア仏教史02　インドII　仏教の形成と展開』佼成出版社、二〇一〇年）、p.98ff

第七章

（1）Sn 145

（2）テクストとその解釈は、福永光司『老子』（朝日新聞社、一九九七年）、p.65ff による。

（3）“sattesu ca kāruññataṃ paṭicca” SN I p.138 など。

（4）無量（無限）の衆生を対象として、無量に広げられる心なのでそのように呼ばれる。

（5）「大慈とは一切衆生に楽を与え、大悲とは一切衆生のために苦を抜く」というのが、龍樹による有名な慈悲の定義である。大正蔵、25巻、p.256b

（6）以下、SN I p.136ff の記述に沿って「梵天勧請」の次第を紹介する。なお、ほぼ同内容の記述は、MN I p.167ff, Vin I p.4ff にも存在する。

（7）この「乖離」を最も先鋭的な形で問題化しているのが、仏教学者の津田真一である。『反密教学』（春秋社、二〇〇八年改訂版）、『アーラヤ的世界とその神』（大蔵出版、一九九八年）などの彼の著作を参照のこと。

（8）ウィトゲンシュタイン著・野矢茂樹訳『論理哲学論考』（岩波文庫、二〇〇三年）、p.147

（9）cf. ウ・ジョーティカ前掲書、p.217f

（10）Davids, Mrs. Rhys. *Buddhism*, Williams & Norgate London, 1870. p.205ff, 木村前掲書、p.316ff

（11）DN II p.102f

（12）大正蔵、9巻、p.546b　また、荒牧典俊訳『大乗仏典8　十地経』（中公文庫、二〇〇三年）、p.55ff も参照。
（13）「凡夫可愍。不知不覺。而受苦惱。菩薩於此見諸衆生不免諸苦。卽生大悲智慧。是諸衆生我應救護。令住畢竟佛道之樂。卽即生大慈智慧。」（大正蔵、9巻、p.546b）
（14）「若衆生盡。我願乃盡。若世界。虚空。法界。涅槃。佛出世。諸佛智慧。心所緣。起智。諸轉盡。我願乃盡。而衆生實不可盡。世界。虚空。法界。涅槃。佛出世。諸佛智慧。心所緣。起智。諸轉。實不可盡。我諸願善根亦不可盡。」（大正蔵、9巻、p.546a）。空海が『高野山万灯会の願文』に、この部分を典拠とした一文を記していることは有名である。
（15）前掲『アビダンマッタサンガハ　南方仏教哲学教義概説』、p.203f
（16）Sn21, MN I p.134f など。
（17）ここで言う「覚者たち」とは、無為の涅槃の覚知によって、「物語の世界」への執著から一時的にでも離れることに成功した者たちのことを指す。このような仏教におけるゴータマ・ブッダ以外の「覚者たち」の性質について厳密に考えるには、四向四果などの「悟り」の段階についての検討が不可欠になるが、本書ではその作業を行う余裕がない。

第八章

（1）「你欲得識祖佛麼。祇你面前聽法底是」。入矢義高訳注『臨済録』（岩波文庫、一九八九年）、p.33
（2）DN II p.156
（3）大正蔵、9巻、p.43b　また松濤誠廉・丹治昭義・桂紹隆訳『大乗仏典5　法華経II』（中公文庫、二〇〇二年）、p.115 も参照。
（4）ゴータマ・ブッダは、実は久遠の過去に成仏しており、それ以来、無量の寿命をもって、衆生の教化を続けているとする経説。『法華経』の「如来寿量品」（右の注と同箇所）に説かれる。
（5）菩薩（bodhisatta, s. bodhisattva）は、語義としては「悟り（bodhi）を求める衆生（satta）」を意味し、元来は成道以前のゴータマ・ブッダ、とくにその前生のことを指す言葉であった。したがって、いわゆる「小乗」仏教において、己が煩悩から解放された阿羅漢になることのみを目指す修行者たちは、菩薩とは呼ばれないことになる。ところが、大乗仏教においては基本的に、修道上の究極的な目標が最高の悟りを得てブッダになることであるとされるので、それを目指す実践者たちは、全て「菩薩」であると捉えられることになった。ただし、ブッダになる（成仏する）ということは、遍く衆生を救済する利他の方便力を身につけるということだから、単に自利のみを成就する阿羅漢になることよりも、ずっと困難なことである。ゆえに、そのためには三阿僧祇百劫、四阿僧祇百千劫といった長大な期間を、輪廻転生を繰り返しながら修行することが必要であるという考え方が存在した。

（6）こうした点については、既に津田真一が「生《レーベン》のジャータカ的解釈」などの独自の用語を用いつつ、適確な指摘を行っている。前掲『反密教学』を参照のこと。なお、津田と私の仏教理解は肝心な部分で大きく異なるが、それでも本章の叙述には彼の議論に啓発された点が多くあることを、ここに明記しておく。

（7）荒木見悟は、『新版　仏教と儒教』（研文出版、一九九三年）の「序論――本来性と現実性――」において、儒仏両教の思想の根源にある「哲学的母胎」として、「人心に内具し、世界の根底にある、本来的なもの」である「本来性」を挙げ、「現実性」を、それに対置される「現実的なもの」であるとしている。荒木の同著作では、この「本来性―現実性」の多種多様な絡み合いを軸として、唐代の『華厳経』の哲学から、明代の王陽明に至るまでの、儒仏両教の思想史が、互いに有機的に関連付けられつつ語られる。また、後に言及する小川隆も、『語録の思想史』（岩波書店、二〇一一年）において、荒木の「現実性」を「現実態」と改めつつも、概念的には変わらない枠組みで（cf. 同書、p.142f）、中国の禅宗史を理解している。本章で述べることは、詮ずるところ、この「本来性―現実性」の枠組みが、中国の思想史のみならず、仏教史全体にも広く適用され得るのではないかという示唆である。

（8）もちろん、三昧における「見仏」の経験が、大乗経典制作の重要な契機であったことは言を俟たない。つまり、経典制作者たちは、自分の思想を述べるための都合のいい狂言回しとして、単に「空想」の仏を描写したのではないということ。ただ、三昧境における「見仏」であれば、仏随念（buddha-anussati）として、テーラワーダ仏教徒でも行っている。このことが意味するのは、三昧によって「見仏」するということは同じでも、その解釈（＝物語り方）は、瞑想者の思想的な方向性によって、変わることがあり得るということだ。私がここで解釈を提示しているのは、経典のテクストが示す意味内容についてではなく、そのようなテクストを経典制作者に叙述させた、その根底にあるモーティヴについてである。
(9) cf. 前掲『アビダンマッタサンガハ　南方仏教哲学教義概説』、p.20
(10) このことは、ウ・ジョーティカ前掲書、p.117ffでも指摘されている。
(11) 小川前掲書、p.11　以下の中国禅に関する叙述も、この『語録の思想史』を主とした小川の諸著の示教に基づくが、理解において誤りがあれば、それは当然、私の責任である。
(12) 前掲『臨済録』、p.46
(13) 同書、p.54
(14) 同書、p.75
(15) cf. 同書、p.79ff
(16) もちろん馬祖や臨済も「仏教者」である以上、彼らは「物語の世界」を単にベタ塗りに肯定したわけでは決してないし、「本来性」への顧慮を欠いていたわけでもない。それは例えば『臨済録』に、「你、仏と作《な》らんと欲得《ほっ》すれば、万物に随うこと莫れ。心生ずれば種種の法生じ、心滅すれば種種の法滅す。一心生ぜざれば万法咎《とが》無し。世と出世と、無仏無法、亦た現前せず、亦た曾《か》つて失せず」云々と言われている（同書、p.132f）ことからも、明らかであると思う。ただ、少なくとも彼らは「現実性」と「本来性」、あるいは彼らの言葉で言い換えれば「凡」と「聖」を明示的に区別した上で、前者から後者への移行を説くという、それまでの仏教の基本的な枠組みをそのまま受け入れることは拒絶していた。そのような彼らの「現実性」と「本来性」との関係のとり方は、シンプルな定式化の難しい、まさに「微妙」なものとなるし、また個々の禅者による見解の差異も多く存している。この点に関して、文献の精緻な読解に基づきつつ丁寧な解明を行っているのが小川隆の前掲書であるので、詳しくはそちらを参照のこと。
(17) cf. 小川前掲書、p.106f
(18) 以上の「看話禅」に関する記述は、小川前掲書、p.27ffに基づく。
(19) もちろん、これは「総じてこのような傾向が見られる」ということであって、実際にはそれぞれの国の中でも、個人やセクトごとに、様々な見解の相違が見られるのは当然のことである。
(20) アーチャン・チャー著、ジャック・コーンフィールド／ポール・ブレイター編、星飛雄馬／花輪陽子／花輪俊行訳『手放す生き方』（サンガ、二〇一一年。文庫版は二〇一二年刊）。アーチャン・チャー著、星飛雄馬訳『無常の教え』（サンガ、二〇一三年）

（21）『「気づきの瞑想」を生きる――タイで出家した日本人僧の物語』（佼成出版社、二〇〇九年）、『脳と瞑想』（篠浦伸禎との共著。サンガ、二〇一四年）などの著作がある。

（22）大小乗の多様な経典は、全てゴータマ・ブッダ一代の説法によるという理解に基づいて、それらの相互に異なる教えを価値の上下にしたがって配列・区分する経典解釈学。略して「教判」とも言われる。諸経典が前後無関係に将来・訳出された中国において盛んに行われ、天台宗の「五時八教」や、華厳宗の「五教十宗」といった教判はとくに有名である。

〈タ行〉

〈ナ行〉

用語索引（各項の初出頁を掲載）

人名索引（本文中に言及したもの。各項の初出頁を掲載）

〈著者略歴〉
魚川祐司（うおかわ・ゆうじ）
仏教研究者。1979年、千葉県生まれ。東京大学文学部思想文化学科卒業（西洋哲学専攻）、同大学院人文社会系研究科博士課程満期退学（インド哲学・仏教学専攻）。2009年末よりミャンマーに渡航し、テーラワーダ仏教の教理と実践を学びつつ、仏教・価値・自由等をテーマとした研究を進めている。本書が初の著作となる。訳書にウ・ジョーティカ著『ゆるす　読むだけで心が晴れる仏教法話』（新潮社）。

仏教思想《ぶっきょうしそう》のゼロポイント　「悟《さと》り」とは何《なに》か

魚川祐司《うおかわゆうじ》

発　行　2015年4月25日
12　刷　2025年10月30日
発行者　佐藤隆信
発行所　株式会社新潮社　郵便番号162-8711　東京都新宿区矢来町71
電話：編集部　03-3266-5411
読者係　03-3266-5111
http://www.shinchosha.co.jp
印刷所　大日本印刷株式会社
製本所　大口製本印刷株式会社

ISBN978-4-10-339171-5　C0015